"Cómo Cruzar El Amazonas Sin Que Te Coman Las Pirañas"

134 Lecciones Para Sobrevivir En El Mundo De Los Negocios y Ganar Dinero en el Camino.

SALVADOR FIGUEROS

A Los Que Se Lanzan Todos Los Días Al Amazonas Con La Esperanza De Cruzarlo

Índice

Introducción   VIII

Preparados, Listos,…   1

La Regla del 100%   2
Si te ofrecen dinero, cógelo   4
La ignorancia es cara   7
4 Tipos de ideas   9
Cuando conectas cosas, pasan cosas   12
La lección de los ladrones   14
Reglas para elegir negocio   17
Hablar en tu idioma da mejores resultados   20
¿Dónde disparas?   22
¿Qué hace falta para vender terrenos?   24
Lo puedes tener delante de tus narices   26
El rey del pollo frito   29

Voy A Pensar Estratégicamente   31

Cómo ir del punto A al punto B   32
¿Por qué comprarán mis productos?   35
Lo que te enseñan las bodas   38
El poder de la física   41
Los parquímetros no son un buen negocio   44
¡Más picante, por favor!   47
El canibalismo tiene ventajas   50
No necesitas demasiadas ideas   53
Las debilidades no te ayudan a competir   55

Bueno… Ahora Hay Que Manejar Todo Esto   57

¿Qué hay que hacer bien?   58
El tiempo es dinero   60

Querrás pertenecer al grupo del 3%   62
La sencillez aumenta tus ingresos   65
Consigue más trabajando menos   68
¿Qué le pasó al comandante?   71
Delegar o no delegar, ésa es la cuestión   73
No mires tanto el retrovisor   75
La verdad sobre Leonardo Da Vinci   77
El secreto está en las vainas   80
Los números cuentan historias interesantes   83
Cómo tomar la decisión adecuada   86
¿Cuánto tiempo necesitas?   88
Un número extraño   90
Los presidentes también se confunden   92
¿Qué pasa cuando cuentas balones?   94
Llegó la hora   97
Derrapar en las curvas puede ser positivo   99
El Yin y el Yang   101
Lo bueno, si breve...   103
A la casilla de salida   106

Ésa Es Una Gran Idea   109

Huracanes y Precios   110
La increíble historia de una piedra   112
El hábito de innovar   115
Soy tan creativo como un pez   118
La creatividad es un trabajo   121
¿Qué tienen que ver los donuts con la magia negra?   124
Entregar al día siguiente   126
Pagar por no trabajar aumenta la producción   128
Los Saltamontes son divertidos   131
Método para generar ideas   134

Yo, Tú, Él... Nosotros   136

A igualdad de condiciones....   137
La zona roja   139

Todo está en tu cabeza   140
¿Cuánto esfuerzo es suficiente esfuerzo?   143
Thinkers y Doers   146
Descansar no es optativo   148
¿Qué estilos de dirección funcionan mejor?   151
Está ahí. Sólo tienes que saber sacarlo   154
Hablando se entiende la gente   156
La mitad de la ecuación   158
Las hermanas del colegio de Notredam   160
Los mejores salen corriendo   162
Es más fácil de lo que piensas   165

Vestido De Etiqueta   167

No me gusta tu tarjeta   168
Pastillas milagrosas   171
Tu personalidad determina tus resultados   174
¿Recuerdas algo?   177
Nombres inolvidables   180
Las grandes marcas tienen grandes símbolos   183
Saltarse las reglas no está mal   185
¿Cómo vistes?   187
El Factor NO-GO   189

Sí, Sí,.. Se Oye, Se Oye   191

Aprendemos por repetición   192
La palabra "pequeño" es del Escarabajo   194
¿Dónde puedo aprender Balleno?   196
¿Qué es mucho mejor que "YO"?   198
¿Quién me llama?   201
Las palabras son mágicas   204
¿Cuánto tardan en marcharse?   206
¿Los Críticos son de fiar?   209
Por encima de la valla   211
No basta con ser viral   214
Piensa en afinidad cuando pienses en comunicación   217

Nadie tira dinero por la ventana   220

¿Me Das Tu Número De Teléfono?   222

¿Quieres que te conozcan?   223
Prueba, Prueba, Prueba   226
La Trampa de la investigación   230
Los premios no pagan facturas   233
Los números rojos pueden ser una buena estrategia   235
Coherente 360º   237
Me gusta tu tono de voz   239
Cartas para Boston   241
¿Quién habla a mis espaldas?   244
¿No conocerás a alguien con el mismo problema?   247
¿Te puedo sacar una foto?   250
Los trozos de madera más famosos del mundo   252
Una apuesta arriesgada   255
La estrategia del sombrerero loco   257
Una gaseosa con sabor a árbol de navidad   259

Bueno, Bonito, Barato   262

Ponte en marcha   263
¿Tú, qué vendes?   266
Texto y transparencias no es una buena combinación   268
Tu ejército de incondicionales   271
Una historia de miedo muy divertida   273
Naturalezas diferentes   276
¿Cuánto cuesta esto?   278
Arte callejero   281
La belleza importa   284
Las cosas no son lo que parecen   287
Productos ganadores   290
El tamaño del carrito de compra puede decidir tus ingresos 293
Mejor escuchar   295
Servir bebidas con una sonrisa ayuda   297
Piropos   299

¿Tamaño grande?   302

Comida china   304

Aprende a colarte   307

Un millón de clientes   310

Mucho más que un producto   313

¿Qué toca ahora?   316

Errar Es Humano, Corregir Divino   319

No eres Tú   320

¿Cuál es la dirección?   322

El barco se hunde   324

Dos mejor que uno. Tres mejor que dos. Cuatro...   327

¿Qué zapatos te vas a poner?   330

Encuentra el error   332

Todavía no está seco   334

Eres lo que eres   336

Demasiado tiempo es demasiado   338

Soluciones para todos los gustos   340

Sólo una   342

Comentario Final   343

¿Cuándo caduca?   344

Introducción

Si te hablo de Martin Strel, es muy probable que no tengas ni idea de quién se trata. Pero si te digo que es el hombre que cruzó el Amazonas nadando, seguro que pensarás que es un tipo increíble.

El 7 de abril de 2007, con 5.268 kilómetros a sus espaldas, Martin Strel terminó su travesía por el Amazonas. Sesenta y seis días después de haberla iniciado, se convirtió en el primer hombre en atravesar el río más caudaloso del mundo a nado.

La historia

Martin Strel es un famoso nadador esloveno de largas distancias. Tiene varios "Guinness World Records" por haber realizado grandes travesías a nado.

En 2005, decidió intentar su aventura más ambiciosa: el Amazonas. Se preparó durante 2 años. Aumentó 20 kilos de peso para hacer frente al desgaste físico del desafío. Entrenó duro para poder dormir 5 horas diarias y nadar durante 12 más todos los días. Adecuó su mente a lo que tenía por delante y se puso manos a la obra.

No lo hizo solo. Nada se hace solo. Siempre necesitas apoyarte en alguien. Strel reunió un grupo de más de 40 personas que le acompañaron en su expedición. Médicos y gente de apoyo que le ayudaron a conseguir su objetivo.

Un río lleno de peligros

Nadar durante 66 días seguidos es tremendo. Dejar tras de sí más de 5.000 kilómetros de agua no está nada mal. Pero hacerlo en el Amazonas es, sencillamente, increíble.

El Amazonas es el río más caudaloso del mundo, pero también es el río más peligroso. Sus aguas están llenas de pirañas, anacondas, yacarés,... y tiburones toro. Sí, hasta tiburones puedes encontrar en este río.

Mientras que Strel cruzaba el Amazonas, el equipo que le acompañaba iba arrojando sangre de animales muertos por los costados de su embarcación para distraer la atención de pirañas y demás criaturas.

El 7 de abril de 2007, Martin Strel culminó su hazaña. Tenía 52 años.

¿Cuál es la fórmula?

Seguro que hay muchos elementos. Seguro que es la combinación de muchos factores la que hace que alguien pueda conseguir algo así. La preparación física durante más de dos años, la preparación mental, el equipo,...

Seguro que es así, pero es difícil imaginar que se pueda conseguir algo de este nivel sin nada más. Martin Strel tiene una gran motivación. Su motivación. Martin Strel nada por "la paz en el mundo". ¿Qué dice? Sencillo, "si yo puedo cruzar el Amazonas, podemos conseguir cualquier cosa. Incluso la paz".

¿Qué tiene que ver todo esto con los negocios?

Mucho. Tiempo atrás, en una sesión con emprendedores, alguien, bromeando, comentó que tener éxito en los negocios era tan difícil como cruzar el Amazonas a nado.

Esa noche llegué a casa, me senté delante del ordenador, tecleé "cruzar el Amazonas a nado"... y apareció Martin Strel.

En ese mismo momento, nació la idea de este libro. Nació la idea de "Cómo Cruzar El Amazonas Sin Que Te Coman Las Pirañas: 134 Lecciones Para Sobrevivir En El Mundo De Los Negocios y Ganar Dinero En El Camino".

No sé si tener éxito en los negocio es tan difícil como cruzar el Amazonas a nado. No lo sé. Sea como sea, no es fácil. Lo que sí tienen en común es que tienes que prepararte, tienes que superar adversidades y tienes que tener la determinación de lograr tus objetivos. En eso, seguro que se parecen.

En "Cómo Cruzar El Amazonas Sin Que Te Coman Las Pirañas" he recogido todas las lecciones de negocio que he ido aprendiendo por el camino. Las mías y las de otros. 134 Lecciones una a una. Lecciones para todos los momentos y para todas las personas. Lecciones que pueden ayudarte a mejorar tu negocio y tener éxito. Lecciones que pueden enseñarte cómo cruzar el Amazonas sin que te coman las pirañas.

¡Suerte!

Preparados, Listos,...

"El mayor peligro no es fijar unos objetivos muy ambiciosos y fallar, el mayor peligro es fijarlos muy bajos y alcanzarlos"."

-Miguel Angel Buonarroti

Lección 1

La Regla del 100 %

Wayne Gretzky es uno de los mejores jugadores de la historia de la NHL (National Hockey League) de Estados Unidos y Canadá. Durante el tiempo que jugó, batió todas las marcas.

La gente le recuerda por conseguir 40 récords en temporadas regulares, 15 récords en los playoff,... y por dejarnos una de las frases más interesantes de los últimos tiempos: "Fallas el 100% de los tiros que no intentas".

¿Tiene razón Gretzky? ¿Lo intentas el suficiente número de veces o tienes miedo de que las cosas no salgan como habías pensado? La frase de Gretzky te invita a intentarlo. Te invita a salir y probar cosas nuevas.

Todo está en el control

Es así. Todo está en el control de la situación. En el control que hagas del riesgo. ¿Hay que intentarlo? Claro que sí, pero hay que hacerlo con control.

La cuestión es sencilla. Tienes que levantarte de nuevo. Los inversores profesionales lo saben. Invierten en bolsa. Arriesgan. Pero controlan el riesgo. Si las cosas van mal, salen rápido. Salen cuando todavía saben que pueden volver. Que pueden levantarse otra vez. Todo está en el control.

Hay que ir ganando confianza

Sí, la confianza se gana por atrevimiento. Atrévete a hacer cosas. Cada vez te sentirás más seguro. Si lo intentas y lo consigues, ¡fantástico! Si lo intentas y no logras tu objetivos, ¡fantástico! ¿Por qué? Porque te habrás demostrado que eres capaz de intentarlo.

Lo puedes hacer. Ahora no ha salido. No pasa nada. Ya saldrá en el siguiente intento o en el siguiente o en el siguiente... Nadie dice que conseguir tus metas sea fácil. Pero si no lo intentas, es imposible.

Cuando lo intentas, descubres cosas

A veces no sale todo como lo habías previsto. Es posible. No hay fórmulas exactas. Cuando lo intentas y no salen las cosas, puede ser por dos motivos:

a.- No lo has intentado con suficiente pasión.

b.- No has seguido el camino adecuado.

Si tus ganas son las adecuadas, es probable que te hayas confundido de camino. Perfecto. Ya sabes que por ahí no vas a llegar a ningún sitio. Has descubierto que no es el camino correcto. Lo descartas y pruebas otras alternativas.

Siempre que actúas aprendes

Aprendes de los aciertos. Pero también aprendes de los errores. Dejas de aprender cuando dejas de actuar. Entonces... actúa, actúa, actúa...

Haz caso a Wayne Gretzky. Él lo intentó y lo consiguió. Era un superdotado para el hockey sobre hielo. Pero seguro que no habría llegado muy lejos si no se hubiese atrevido a intentarlo una y otra vez, una y otra vez, una y...

Lección nº1: Fallas el 100 % de todo lo que no intentas. Si quieres incrementar tu nivel de aciertos, inténtalo.

Lección 2

Si Te Ofrecen Dinero, Cógelo

El autor del best-seller mundial "Sopa de pollo para el alma", Jack Canfield, empieza algunas de sus presentaciones con el juego del billete.

Se mete la mano en el bolsillo y saca un billete de 100 dólares. Mira a su audiencia y le pregunta: ¿Quién quiere este billete de cien dólares?.... Pausa. Todos le miran con cara sorprendida sin entender muy bien de qué va todo eso.

Repite la pregunta: "¿Quién quiere este billete de cien dólares?" La audiencia sigue desconcertada. Algunos valientes levantan la mano.

Una vez más: "¿Quién quiere este billete de 100 dólares?" La reacción sigue siendo la misma. Quizá, alguien se atreve a decir en voz alta "Yo...Yo".

Continúa preguntando "¿Quién quiere este billete de 100 dólares?" hasta que una persona de entre los asistentes se levanta y lo coge. Todos ponen cara de sorpresa mientras que la persona que acaba de levantarse se sienta con su nuevo billete de 100 dólares en el bolsillo.

¿Cuál es la razón?

¿Qué te impide levantarte y coger el billete? ¿Por qué no te mueves? Detrás de esta manera de actuar están tus creencias.

Las creencias son verdades absolutas que vas incorporando a lo largo de tu vida. Funcionan restringiendo tu capacidad de actuación. Lo que no cae dentro del ámbito de la creencia no es posible. No lo intentas. No coges el billete porque nadie regala billetes de 100 dólares (creencia).

Demasiadas creencias

Estamos llenos de creencias que nos limitan:

.- Para ganar dinero hay que trabajar muy duro (creencia). No es cierto. La cantidad de dinero que puedes llegar a ganar no depende del número de horas que pones en tu trabajo. El dinero es directamente proporcional al conocimiento que tengas sobre cómo ganarlo.

.- Sólo son ricos los que heredan o actúan de forma poco ética (creencia). No es cierto. Por supuesto que hay ricos herederos y multimillonarios desalmados, pero la mayoría de la gente que ha hecho dinero lo ha hecho empezando desde cero. Arriesgándose y haciendo las cosas bien.

.- Nadie regala nada (creencia). No es cierto. Sólo tienes que mirar a tu alrededor y darte cuenta de la cantidad de organizaciones y personas que dan mucho a cambio de nada: fundaciones, iglesia, ONGs, filántropos,...

.- Sólo necesitas pasión para lanzar tu propio negocio (creencia). No es cierto. La pasión es una necesidad, pero no es suficiente. Tendrás que aprender los conocimientos básicos, o saber donde encontrarlos, para aumentar tus probabilidades de éxito.

.- ...

La solución está cerca

Las creencias no son buenas compañeras. Anulan tu capacidad para cuestionarte las cosas. Limitan tus acciones.

La principal dificultad para conseguir lo que te hayas propuesto no suele estar ahí fuera. El obstáculo lo tienes dentro de ti. Las creencias construyen topes. Reducen el espacio en el que te mueves. Te hacen más pequeño.

Intenta liberarte de ellas. Actúa como un niño pequeño. Él no tiene creencias. Todo es nuevo. Todo es atractivo. Se atreve a hacer cosas nuevas constantemente. Explora lo que no conoce. Nadie le ha dicho lo que es posible o lo que no lo es. Simplemente, lo hace y aprende.

La próxima vez que Jack Canfield o cualquier otro te ofrezca un billete de 100 dólares, ve a por él. Lo peor que puede pasar es que te quedes como estás. Pero nadie habrá decidido por ti. No habrás dejado pasar una oportunidad por pensar que es imposible.

Lección nº 2: Actúa como un niño. No dejes que nadie te diga lo que es posible o lo que no lo es. Actúa y aprende.

Lección 3

La Ignorancia Es Cara

¿Sabes cuántas compañías no superan su primer año de existencia? ¿Cuántas?... el 50%. ¿Sabes cuántas no superan los 5 años?... el 80%. ¿Sabes cuántas no superan los 10 años?... el 90%.

Estos datos son medias. Estudios estadísticos que se realizan en distintos países para ver cómo funcionan las pequeñas compañías.

Aunque puede haber pequeñas diferencias, hay un tema en el que todos están de acuerdo: la principal causa de mortalidad. ¿Cuál es?

No, no son las deudas. No es la competencia. No es la financiación. No es.... Claro que son importantes. Claro que hay que tenerlas en cuenta, pero no son la principal causa de mortalidad. La principal causa de mortalidad es la poca preparación de los emprendedores. La falta de conocimiento de los gestores.

Una idea clara

Lo realmente importante en el mundo de los negocios... Las cosas, los elementos que realmente importan, son pocos, son sencillos y son críticos.

Son pocos. Todo lo que no impacta directamente en la última línea de tu cuenta de resultados, en la línea de los beneficios, no es importante.

Son sencillos. Todo lo que no es intuitivo está muy bien para libros de management, para presentaciones de negocios, para... Pero también lo podemos dejar en un segundo plano.

Son críticos. Pero hay algo fundamental. Hay que entender que son críticos. Éste no es un mundo de compensaciones. No basta con ser excelente en algo. Hay que intentar ser excelente en todo.

Lección nº 3: Las cosas que realmente importan son pocas, son sencillas y son críticas. Hay que conocerlas.

Lección 4

4 Tipos De Ideas

Para todos los que quieren emprender, la idea es el punto de partida. El trampolín. A partir de ella construyes. Cuando no hay una idea clara, es difícil despegar.

¿Qué quieren los demás? ¿Qué funciona? ¿Qué puedo ofrecer? ¿QUÉ? es una pregunta potente. Responde muchas cuestiones. Habla de las necesidades de los demás. Habla de lo que puedes hacer. Habla de la guía que necesitas.

Un buen ¿QUÉ? es igual a una buena idea. Encuentra el QUÉ de los demás. Encuentra tu QUÉ. Encájalos. ¿Sí? Ya tienes algo sólido sobre lo que trabajar.

Las ideas mueven el mundo. Son como la gasolina. ¿Necesitas todo lo demás? Sí, pero ellas dan vida a los proyectos.

Hay ideas grandes y pequeñas, ambiciosas y modestas,... Hay muchos tipos de ideas. Pero no funcionan igual. A mi me gusta clasificarlas en cuatro grandes grupos.

Las Ideas que cambian el mundo

Ocurre algunas veces. Es algo diferente. Algo único. Cambia nuestras vidas. La rueda, la imprenta, la electricidad, el ferrocarril,..., Internet.

Aparecen y todo se transforma. Rompen la continuidad. Provocan un salto hacia delante y crean escenarios nuevos.

Dentro de estas ideas hay un segundo nivel. Las primeras en aprovechar estos nuevos elementos. Amazon, yahoo, ebay,... son buenos ejemplos. Amazon aprovecha el nuevo escenario y crea la primera tienda de libros online. Yahoo entiende las posibilidades de Internet y lanza el primer directorio,...

Por lo general, estas ideas son las más potentes. Tienen una gran influencia en nuestras vidas. Pero no están alcance de todos.

Las Ideas que mejoran el mundo

Estamos en constante evolución. Todo se puede desarrollar. Todo se puede modificar. A todo se le puede aplicar un enfoque diferente. Las ideas que mejoran el mundo funcionan de esta manera.

Piensa en Starbucks Coffe. ¿Qué hacen? Sirven café. ¿Es algo nuevo? ¿Hacen algo distinto a lo que vienen haciendo otros desde hace años? No. Es una cafetería. ¿Sólo? En absoluto. Es una cafetería diferente. Su café es magnífico. Sus asientos son increíbles. El ambiente es único. Starbucks ha desarrollado la idea de cafetería. La ha colocado en un nivel diferente. La ha mejorado y ha mejorado el mundo.

Observa el modelo de negocio que te interesa. Imagina como podría ser si... ¿Qué pasaría si en lugar de... hiciésemos...? Ahí tienes una oportunidad de mejorar el mundo.

Las ideas que reparan el mundo

Hay veces que las cosas funcionan. Otras veces no. Al menos, NO a la perfección. Esto también pasa en los negocios. Hay negocios que fallan o, por lo menos, fallan en algo.

Presta atención a tu entorno. No tendrás que mirar mucho. ¿El producto es el adecuado? ¿El servicio es correcto? ¿Te dan las suficientes explicaciones? ¿Te entregan tus pedidos a tiempo? ¿Te sientes cómodo? ¡Fantástico! ¿No es así? Tienes una oportunidad de reparar el mundo. Siempre hay algo que reparar. Siempre hay un negocio que se puede gestionar mejor.

Estamos rodeados de este tipo de oportunidades. Hay tantas que son casi infinitas. Observa, identifica y desarrolla tu idea. ¿Puedes hacer lo mismo sin fallar? Ya tienes una idea que repara el mundo.

Hay otras ideas, pero no mueven el mundo

Tenemos cubierto el cupo de cosas iguales. Canciones iguales, libros iguales, programas iguales,…, negocios iguales. La igualdad puede estar bien, pero no afecta al mundo. No influye sobre él. No hace que nada se mueva.

Resiste la tentación de hacer lo mismo que los demás. Todos somos distintos. Tu negocio también puede serlo. Céntrate en un aspecto en concreto y marca la diferencia. Especialízate en un tipo de clientes en particular y conviértete en su punto de referencia,…Hay mil formas de ser distinto. Sólo tienes que hacerlo.

Tu negocio tiene que afectar al mundo. Tienes que intentarlo. Si no lo haces, tienes menos posibilidades.

Lección nº 4: Hay muchos tipos de ideas, pero no son iguales. Cuando tengas que generar ideas, cuando tengas que trabajar en ellas, asegúrate de que pertenecen a cualquiera de los grupos que mueven el mundo. Las demás no merecen la pena.

Lección 5

Cuando Conectas Cosas
Pasan Cosas

Los negocios son conexiones. Tienes una idea. Es buena. Se junta con otra. Es excepcional.

Se produce como una especie de química. Simplemente pasa. Dos ideas sencillas y un resultado extraordinario.

Mattel es la compañía de juguetes líder a nivel mundial. Todo el mundo lo sabe. Su producto estrella es la muñeca Barbie.

Desde que lanzaron la Barbie han ocurrido muchas cosas... Han vendido millones de muñecas en todo el mundo. Han revolucionado el mundo de los juguetes. Han...

La historia de Mattel es una historia interesante. Es una historia de conexiones.

Muñecas de papel

Ruth Handler fue una de las fundadoras de Mattel. Por aquel entonces, tenía una hija pequeña que jugaba con muñecas de papel. Cogía sus muñecas y montaba sus propias historias.

Handler se dio cuenta de que su hija asignaba roles adultos a sus muñecas. La niña imitaba situaciones de adultos con adultos.

Era un tema curioso. Los niños se identificaban con los mayores, pero las muñecas de la época eran niñas. Muñecas niñas para niñas.

La conexión

Durante un viaje a Europa, Ruth descubrió la muñeca Lilli. Una muñeca de plástico inspirada en una tira de comics del periódico alemán Bild-Zeitung.

Lilli no era una muñeca para niños. Su personaje de comic era una mujer trabajadora, ambiciosa y provocativa. La muñeca tenía connotaciones sexuales y se vendía para adultos como objeto de broma.

La conexión se produjo enseguida. Handler vio la muñeca y supo que eso era lo que estaba buscando. Una muñeca diferente y adulta con la que las niñas pudiesen reproducir las historias de los mayores.

Un cambio de reglas

La idea era valiente. Era un cambio radical. Olvidarse de muñecas con cuerpo de niñas y lanzar un modelo distinto. Muñecas con curvas adultas y pechos de plástico para las niñas.

Mattel tenía dudas sobre la nueva idea. Estaban trabajando en una muñeca que hablaba y les parecía demasiado arriesgado invertir en algo tan diferente.

Barbie se lanzó en 1959. Fue un éxito absoluto. Millones de muñecas. Colecciones. Una media de 5-6 muñecas por niña... Barbie es parte de la historia del siglo XX.

Los negocios son conexiones. Enlazar ideas que multiplican su valor. Algunas conexiones dan resultados tan increíbles como la muñeca Barbie. Otras no son tan sorprendentes, pero también pueden dar mucho dinero.

Lección nº 5: Las grandes ideas surgen de la conexión de otras.

Lección 6

La Lección de Los Ladrones

Cuenta la leyenda que un reportero norteamericano le preguntó al famoso ladrón Willie Sutton porqué robaba bancos. Willie le miró sorprendido y le contestó que robaba bancos "porque es allí donde está el dinero".

¿Qué te parece la contestación? No está mal, ¿verdad? De hecho, esta contestación es tan buena que merece la pena que le demos un par de vueltas.

La ley de Sutton

Willie robaba bancos porque tenía la seguridad de encontrar allí lo que buscaba. Willie se dirigía donde sabía, sin ningún tipo duda, que iba a encontrar dinero.

Seguramente, podría haber logrado botines fantásticos en otros lugares: cajas fuertes particulares, salas de juego, taquillas de espectáculos, etc. Las posibilidades son muchas, pero Willie siempre apostaba por la seguridad que le ofrecían los bancos y dejaba de lado la incertidumbre de otras posibilidades.

Gracias a este ladrón de bancos, hoy contamos con una ley fundamental para los negocios. La ley de Sutton. Es una ley que dice algo así: "Dirígete donde está el dinero" o, reformulada, "Busca donde sabes que puedes encontrar"

Un error que hay que evitar

¿Por qué te cuento todo esto? Porque éste es precisamente uno de los principales errores que cometen muchos emprendedores y pequeñas compañías.

La ley de Sutton tiene mucho que ver con la elección del mercado al que te quieres dirigir. El mercado del que pretendes obtener los ingresos para llevar la vida que quieres llevar.

Para Willie, su mercado eran los bancos. ¿Por qué? Porque sabía con seguridad que allí iba a encontrar dinero. ¿Por qué no robaba en otros sitios? Porque no tenía la suficiente información como para pensar que iba a encontrar más en otro lugar.

Willie, primero sabía dónde tenía que ir y después iba. Primero, la seguridad. Después, la acción. Así de sencillo

Compara lo que hacía Sutton con lo que hacen muchos emprendedores. ¿Crees que funcionan de una forma parecida? ¿Tienen algún punto en común? Seguramente no.

Muchos emprendedores y pequeños negocios tienen una idea. Se enamoran profundamente de ella y la lanzan. Todo eso suena bárbaro e incluso puede salir bien. Pero, por lo general, las cosas no son siempre de color rosa. Es más, si tienes en cuenta la tasa de mortalidad de nuevos negocios... Si la tienes en cuenta, las cosas no son casi nunca de color rosa.

En demasiadas ocasiones, el emprendedor descubre que no hay mercado. O que el mercado no es lo suficientemente grande como para que haya negocio. Simplemente, no merece la pena. El esfuerzo no va a dar resultados.

Aumenta tus probabilidades de éxito

Recuerda lo que hacía Willie. Primero, tenía claro dónde tenía que robar. Después, iba y recogía su premio. Mucho emprendedores actúan al revés. Primero, tienen una idea de la que se enamoran y la lanzan al mercado. Luego, descubren que el mercado no existe. No hay dinero. No hay negocio. No hay nada

Si actúas como Willie, tus probabilidades de éxito son muchas. Si no lo haces, si no sigues la ley de Sutton, todo es más difícil. Todo se complica.

El motor que mueve el mundo de los negocios son los productos y servicios que cubren necesidades concretas y reales de gente concreta y real.

Si tu grupo de gente concreta y real no es lo suficientemente grande, no tienes negocio. Da lo mismo lo bueno que sea tu producto. Da lo mismo lo enamorado que estés de él. No tienes negocio.

Lección nº 6: Analiza, investiga, estudia. Asegúrate de que el mercado existe. No lances nada hasta que sepas que hay alguien dispuesto a comprártelo.

Reglas Para Elegir Negocio

Si eres emprendedor, la única cosa por la que te tienes que preocupar es por tu modelo de negocio. Hay muchas cosas importantes, pero ninguna tiene la influencia de tu modelo.

Puedes definir el modelo de negocio como el conjunto de tres elementos. Un mercado con una necesidad. Un producto que cubra esa necesidad. La capacidad de hacer llegar ese producto al mercado.

Los tres elementos son los mismos en todos los modelos de negocio, pero no todos los modelos de negocio son iguales.

Algunos modelos funcionan mejor que otros. Por lo general, los que funcionan mejor tienen características comunes.

Sólo hay modelo de negocio cuando entregas valor

Lo primero que tienes que contestar es qué es el valor. Para tu cliente, son valiosos todos los productos o servicios que le mejoran la vida. Si tu cliente piensa que tu producto es capaz de hacerlo, tu producto entrega valor.

El mecanismo siempre funciona de la misma manera. Alguien necesita algo y tú se lo puedes ofrecer. Si el valor que recibe tu cliente supera el precio que paga, hay modelo. En otro caso, no.

Los mejores modelos de negocio entregan mucho valor. Cuando lo hacen, consiguen dos efectos. Pueden fijar precios más altos y pueden retener a un mayor número de clientes.

La flexibilidad es importante

Las cosas no suelen terminar como empiezan. A lo largo del camino pasan cosas. Las situaciones cambian y los planes deben cambiar. No tiene porqué ser malo. Sólo hay que estar preparados.

Hay modelos rígidos y modelos flexibles. Los modelos rígidos tienen más riesgo. Cuando no funcionan según lo previsto, te dejan en una vía muerta. No tienes muchas posibilidades de cambio.

Los modelos flexibles son diferentes. Son modelos de puertas abiertas. Si no funcionan siempre puedes aprovechar alguna de sus puertas para intentar algo diferente.

Por lo general, los modelos que se basan en cosas materiales son más rígidos que los que se basan en personas. Las cosas tienen menos capacidad de adaptación. Las personas pueden cambiar.

Todo debe ser escalable

La escala de tu negocio es un tema de dimensión. Al principio, menos. Después, más. Ésa es la secuencia lógica cuando las cosas van bien.

Hay modelos que tienen límites. Que no pueden crecer tanto como les gustaría. Quizá el mercado es demasiado pequeño, no hay suficientes proveedores,... Puede haber muchos motivos.

Es importante que planifiques con antelación. Que seas capaz de ver cuál puede ser la evolución de tu negocio. Confirma que existen los elementos necesarios para poder crecer. Si no existen, cambia de modelo.

Busca modelos que se puedan sistematizar

Hay modelos complejos. Las variables que les afectan no se repiten. Todo es nuevo siempre. Es difícil aprender del pasado y sistematizar el futuro. Este tipo de negocio es menos atractivo.

Concéntrate en los negocios sencillos que tienen operaciones sencillas. Operaciones que se repiten. Operaciones que se pueden sistematizar.

Estos negocios requieren un gran esfuerzo inicial. Cuando lo has hecho, todo es más fácil. Aplicas la fórmula y el negocio funciona. Necesitan menos atención, menos seguimiento.

Los sistemas te permiten delegar, separarte del día a día, poner tu atención en otro negocio y seguir creciendo.

Hay muchos modelos de negocio. Los modelos ganadores comparten estas características. Luego hay otros, pero son menos atractivos.

Lección nº 7: Los mejores modelos de negocio entregan valor, son flexibles, son escalables y se pueden sistematizar.

Lección 8

Hablar En Tu idioma Da Mejores Resultados

Realiza el siguiente ejercicio. Piensa en algo e intenta decirlo en Swahili. ¿Eres capaz de hacerlo? ¿Alguien que hablase Swahili sería capaz de entenderte?

Seguramente, no lo conseguirás. ¿Por qué? Bueno, las probabilidades de que pertenezcas al grupo de personas que habla este idioma son pocas.

Si no sabes hablar Swahili, no intentarás comunicarte en Swahili. No tendría mucho sentido hacerlo. El Swahili no es una de tus fortalezas.

Tus fortalezas marcan el camino

Este razonamiento es simple. Es la manera lógica de actuar. ¿Entonces, por qué no nos comportamos siempre igual? ¿Es decir, por qué nos lanzamos a hacer cosas que no controlamos, que no están basadas en nuestras fortalezas?

Quizá, porque es divertido. Pero si hablamos de negocios, la cosa cambia. Con dinero en la mesa, el tema es peligroso.

Es increíble el número de personas que se lía la manta a la cabeza e intenta montar algo que no domina. No intentarían hablar Swahili porque no sabrían cómo hacerlo. Sin embargo, invierten su dinero en una idea que no controlan al 100%. Una idea que se les puede ir de las manos por falta de conocimiento.

Por lo general, la mayoría de estas aventuras no llegan muy lejos y terminan con las ilusiones de muchos emprendedores.

¿Cuál es la receta?

La receta es fácil. Construye tu negocio sobre tus fortalezas. Trabaja en aquello que dominas y que haces mejor que el resto. Así de sencillo.

Si tienes dificultades para identificar tus puntos fuertes, sólo tienes que revisar tres elementos:

Tus habilidades. ¿Tienes alguna habilidad que te permita ser excelente en algo? ¿Hablas bien, te relacionas con facilidad, lideras grupos,...?

Tu experiencia. Todo lo que has ido viviendo a lo largo de los años es tu capital vital. Utilízalo como cualquier otro capital. Inviértelo en tus proyectos. Es la mejor manera de financiarse.

Tu conocimiento. Jim Rohn decía que los resultados nunca superan al desarrollo personal. Estoy 100% de acuerdo. Prepárate tanto como te sea posible y aumentarás las probabilidades de que los resultados estén a la altura de tu preparación.

La conclusión es intuitiva. Es mucho más fácil conseguir resultados haciendo cosas que dominas que embarcándote en proyectos donde no tienes las habilidades, la experiencia y el conocimiento necesarios.

Lección nº 8: Céntrate en tus fortalezas. Haz lo que haces bien. Hazlo mejor que los demás y el dinero llegará.

Lección 9

¿Dónde Disparas?

Mercado es una buena palabra en términos generales, pero una mala palabra para definir nada. Suena demasiado ambigua. Es demasiado amplia. Le falta concreción.

Para pequeños negocios, me gusta mucho más la palabra Nicho. Significa muchas cosas, pero todas son básicamente lo mismo.

Un nicho es un hueco. Algo que está ahí para ser rellenado.

En el mundo del marketing, el nicho es un mercado definido alrededor de una necesidad específica. Algo que será rellenado con un producto.

¿Cómo se define un Nicho?

Vas eliminando capas hasta que te quedas con algo muy concreto: viaje de aventuras para la tercera edad, divorcios para deportistas, gimnasia para bebés,... Da lo mismo. Todo lo que necesitas es una necesidad concreta asociada a un grupo de potenciales consumidores concretos. Ya está. A partir de ahí, el sistema funciona.

Si utilizo Nicho, la pregunta es "¿cuál es la definición ideal de mi Nicho? Eso está mejor. Está mucho mejor.

Los 3 parámetros

Determinar la definición ideal de tu Nicho es complejo. Hay muchas variables. No las conoces todas.

Al final, tienes que tomar una decisión. Te basas en tres parámetros. El Nicho ideal es aquél...

1.- ...que te permite desarrollar tu máximo potencial. El que te permite explotar tus habilidades. El que te permite disfrutar. Conócete, entiéndete y entiende como puedes conectar con el mundo. Tu negocio depende de ello. Tu vida también.

2.- ...que te permite eliminar competencia. Tanta como sea posible. Deja fuera la competencia más fuerte. La que tiene más recursos. La que tiene un foco más amplio. Colócate allí donde no llegan o no quieren llegar y hazte fuerte. Tan fuerte como sea posible. Tan fuerte como para ahuyentar a otros con la misma idea.

3.- ...que es lo suficientemente grande. Aquí aplica la Ley de Sutton. El tamaño importa. Por lo menos, un cierto tamaño. Tu Nicho debe ser lo suficientemente grande como para que sea atractivo. Los Nichos que no alcanzan ese tamaño mínimo no tienen interés. No son negocio.

Trabaja con estos tres parámetros. Encuentra la combinación ideal. Siempre hay una. Cuando la identificas, tienes tu Nicho. Has encontrado la definición ideal de tu Mercado.

Lección nº 9: Tu Nicho ideal debe ser lo suficientemente grande, debe eliminar la competencia y debe permitirte sacar el máximo de ti.

Lección 10

¿Qué Hace Falta Para Vender Terrenos?

Si recuerdas la película "Glengarry Glen Ross", recordarás la famosa charla de Blake (Alec Baldwin) a un grupo de vendedores.

Desde la central, Mitch y Murray han enviado a Blake para solucionar los malos resultados de la oficina. Blake está masacrando a los vendedores con sus palabras.

Hay un momento en la escena en el que Blake saca unas bolas de su maletín. Mira a los vendedores y les pregunta: "¿Saben lo que hace falta para vender terrenos?... Hacen falta Pelotas de Acero".

Hay muchas explicaciones sobre lo que necesitas para tener éxito. Muchos autores han tratado el tema. Mucha gente habla de ello. Cada emprendedor tiene su argumentación. Pero seguro que una de las más divertidas es la interpretación de Blake. Para vender terrenos, para tener éxito, hacen falta Pelotas de Acero.

Necesitas algo más

Es probable que el consejo de Blake te pueda ayudar. No lo sé. Lo que es seguro es que no es suficiente. Además, para tener éxito, hay que intentar saber cuáles son las posibilidades reales de tu idea.

Una buena manera de hacerlo es haciéndote preguntas. Elige las más adecuadas e intenta responderlas.

- ¿Qué hace mi negocio por los demás?
- ¿Cómo puedo ganar dinero?
- ¿Existe mercado para mi producto o servicio?
- ¿Es dura la Competencia?
- ¿Cómo me distinguiré de los demás?
- ¿Tengo recursos suficientes para arrancar?
- ¿Qué peligros encontraré por el camino?

El repaso de todos estos puntos te va a dar una idea aproximada de lo que puedes conseguir con tu negocio.

No te preocupes si no dispones de todos los datos. Lo importante no es cerrar el detalle del funcionamiento de tu futuro negocio (eso lo verás cuando escribas tu Plan de Negocio). Lo importante es descartar aquellas ideas que no pasen el filtro de estas preguntas.

Lección nº 10: No existe una receta infalible para conseguir el éxito, pero si tienes una buena contestación para las preguntas adecuadas, tus probabilidades aumentarán exponencialmente.

Lección 11

Lo Puedes Tener Delante
De Tus Narices

Hay dos tipos de negocios. Los que funcionan y los que no. Los que no funcionan no son interesantes. Los que funcionan no son fáciles.

¿El secreto? El secreto es que no hay secreto. Hay muchos secretos. Algunos dan mejores resultados que otros.

Puedes ser ortodoxo. Realizar estudios de mercado. Analizar el sector. Estudiar a tu público objetivo. Puedes... hacer muchas cosas.

También, puedes ser menos estricto. Menos sofisticado. Más directo. Más práctico. Puedes... hacerlo de una manera más simple.

Las buenas ideas no caen del cielo

No, las buenas ideas no caen del cielo. Las buenas ideas están delante de ti. Hay que saber verlas.

Hay veces que no hay que ir muy lejos. No hay que invertir grandes sumas de dinero en investigación. No hay que estudiarlo todo.

Basta con prestar atención a tu alrededor. Ver qué pasa. Ver qué te pasa.

Sara Blakely se había gastado cerca de 100 dólares en unos pantalones blancos. Eran unos pantalones fantásticos. Sólo tenían un problema. No podía ponérselos.

¿Por qué? Por algo que preocupa a las mujeres. Las marcas y la transparencia. No tenía ropa interior para ese pantalón. Todo se transparentaba o se marcaba.

Sara tenía un problema. Pero también tenía una idea espectacular delante de ella. Una idea para un gran negocio.

Productos simples para solucionar problemas

Al final, todo funciona igual. Productos que solucionan problemas. Productos que te hacen la vida mucho más fácil. Ésa es la clave de todo.

Un pantalón precioso que no podía utilizar. Era un problema que no tenía solución. Por lo menos, no tenía una solución inmediata en el mercado. Tocaba ser creativo.

Sara pensó que podía funcionar. ¿Por qué no? Cortó los pies de unas medias. Creó un producto sobre la marcha y solucionó su problema.

Fácil, sencillo, estúpidamente simple.

Así nació Spanx. Una necesidad, una idea para un producto, 5.000$ de inversión y una compañía.

A partir de ahí, a vender

Sin promoción no hay futuro

Una necesidad y un buen producto son un principio fantástico. Lamentablemente, no es suficiente. Necesitas algo más para que las cosas funcionen.

Sin dinero y sin experiencia las cosas son más difíciles. Todo cuesta un poco más, pero se puede conseguir.

Tienes un gran producto que soluciona un gran problema. Tienes una gran historia. Compártela. Cuéntasela a otros. Diles que existes.

Sara envió unas muestras de Spanx a Oprah Winfrey. Se atrevió con la reina de la televisión americana. ¿Por qué no? ¿Qué puedes perder? Nada.

Los negocios tienen su "Tipping Point" (Malcolm Gladwell). El momento en el que algo insignificante se vuelve importante.

Oprah Winfrey fue el Tipping Point de Spanx. Lo nombró su producto del año. A partir de ahí, el negocio ha ido más rápido. Tiene otra dimensión. Se ha hecho importante.

Todos los negocios pueden tener su Tipping Point particular. El tuyo también. Tienes que saber encontrarlo.

Spanx ha conseguido el éxito sin grandes inversiones, sin demasiados estudios de mercado y sin ser demasiado ortodoxo. ¿Qué más da? Lo ha conseguido.

Lo ha hecho de una forma estúpidamente simple. Ropa interior que marca el contorno, medias cortadas por los tobillos y unas muestras gratuitas para un programa de televisión.

Puede parecer poco, pero no ha necesitado nada más. No ha necesitado nada más para convertir su negocio en una compañía de más de 150 millones de dólares.

Lección nº 11: Las grandes oportunidades suelen estar muy cerca de ti. Presta atención a todo lo que pasa a tu alrededor. Abre bien los ojos e identifícalas.

Lección 12

El Rey del Pollo Frito

En 1930, *Harland Sanders* empezó a servir comidas a los viajeros que paraban en su estación de servicio en Corbin. La popularidad de sus recetas de pollo fue creciendo y tuvo que mudarse a un motel cercano de mayores dimensiones.

Durante los años siguientes, perfeccionó su manera de cocinar y, en 1935, el gobernador del estado le otorgó el título honorífico de Coronel. A partir de ese momento, se haría llamar *Coronel Sanders* y vestiría siempre al estilo sureño.

En 1956, con la construcción de la autopista interestatal 75, el *Coronel Sanders* vio como descendía el tráfico de clientes hasta tal punto que, poco tiempo después, tuvo que cerrar su negocio.

Por aquel entonces, el Coronel cumplía 65 años y tenía que empezar todo de nuevo. Convencido de la calidad de sus recetas, visitó restaurante por restaurante haciendo demostraciones a dueños y empleados. Cuenta la leyenda que tuvo que recibir 1.009 rechazos antes de poder vender la primera franquicia de *Kentucky Fried Chicken*.

En 1964, El *Coronel Sanders* vendió la compañía a un grupo de inversores locales. Hoy, *KFC* está presente en más de 100 países con más de 15.000 establecimientos.

¿Tienes problemas en tu negocio?

Piensa en los Coroneles Sanders de este mundo. Nadie dijo que fuese fácil. No es un camino de rosas.

La diferencia entre el Coronel Sanders y los que no lo consiguen es que él lo intentó 1.009 veces. Lo intentó hasta que consiguió un "Sí". Lo intentó a pesar de que tenía 65 años.

Las cosas no ocurren por casualidad. Detrás hay una explicación. Siempre hay una explicación. La perseverancia es un gran motor. Es la causa de muchas cosas. Cuando perseveras, actúas. Cuando perseveras sigues en movimiento. Ésa es la clave del éxito: estar siempre en movimiento.

El Coronel Sanders lo consiguió. Lo tenía todo en contra, pero lo consiguió. Lo consiguió porque lo intentó. Lo intentó hasta que consiguió un "Sí". Tú también puedes hacerlo. Todos podemos hacerlo.

Lección nº 12: Todo empieza después del primer SÍ. Tienes que perseverar hasta conseguirlo.

CAPÍTULO 2

Voy A Pensar Estratégicamente

"La mejor manera de predecir el futuro es crearlo"

-Peter Drucker

Lección 13

Cómo Ir Del Punto A
Al Punto B

Las palabras pueden ser complicadas. De hecho lo son. Muchas personas utilizando muchas palabras. En un contexto. En otro. Con un sentido. Con otro. Hay veces que pierden su significado. Hay veces que se confunden.

"Estrategia" es una palabra complicada. La utilizamos mucho. Cuando tenemos ocasión, la incluimos en lo que estamos diciendo. Queda bien. Eleva el nivel de nuestra conversación. Eso nos parece. Si utilizas la palabra "estrategia", no puedes decir tonterías. No deberías.

Después de tanto uso, se ha deteriorado. Sigue siendo una palabra elegante, pero ya no sabemos qué quiere decir. Lo podemos intuir. Es algo de nivel superior. Pero eso es todo.

Para entender qué es una estrategia necesitamos algo más. No se puede interpretar en el vacío. Generalmente, va acompañada de otras palabras que también son complicadas. Todas juntas se entienden mejor.

Punto de Partida

Todo tiene sentido a partir de un punto. Ese punto es el inicio de todo. Si no lo conoces, tienes problemas.

Imagina la situación. Estás preparando un viaje. Sabes cuál es tu destino. ¿Ahora qué? ¿Cómo vas a organizar tu viaje si no sabes desde dónde tienes que partir? Es sencillo, pero lo olvidamos con mucha frecuencia. Lo primero de todo, saber dónde estás.

Punto de Llegada

¿Dónde quieres llegar? ¿Cuál es tu destino? ¿Cuál es tu objetivo? Todo se traza entre dos puntos. El de partida y el de llegada.

Cuando los tienes definidos, puedes dibujar una línea recta, curva,... Puedes dibujar la línea que quieras. Siempre hay una línea. Si te falla cualquiera de ellos no hay línea. No hay viaje.

La Estrategia

Tiene que ver con el cómo. ¿Cómo vas a hacerlo? ¿Cómo vas a conseguir tu objetivo? Es la gran idea. Ya tienes el origen (punto A) y el final de tu viaje (punto B). ¿Cómo vas a ir de A a B? ¿Cómo te vas a desplazar de un punto a otro?

Si seguimos con el ejemplo del viaje, la estrategia podrías ser viajar en avión. Te vas a mover de un punto a otro en avión. El avión es tu gran idea.

La Táctica

Aquí suele haber confusiones. Estrategia, táctica,..... Táctica, estrategia. ¿Qué son? ¿En qué se diferencian? La táctica es el conjunto de acciones que tienes que realizar para poder llevar adelante la estrategia. Son complementarias. Sin la primera no existe la segunda.

La estrategia necesita la táctica para completarse. La táctica necesita una estrategia que desarrollar. Piensa en todo lo que tienes que hacer para poder viajar en avión desde A hasta B. Buscar una agencia de viajes, comprar el billete, estar con tiempo en el aeropuerto,... Todas estas acciones serían acciones tácticas. Acciones que te permiten desarrollar tu estrategia.

No te dejes engañar por las palabras. Piensa siempre en los conceptos. Las cosas son lo que son y, después, se les pone un nombre.

La estrategia es lo que te lleva de un punto A a un punto B. No es otra cosa. Las otras estrategias están bien para conversar. Eso es todo.

Lección nº 13: Necesitas una Estrategia para saber cómo vas a ir del punto en el que te encuentras al punto al que quieres llegar.

Lección 14

¿Por Qué Comprarán Mis Productos?

Hay preguntas y preguntas. Ésta es una gran pregunta. Una pregunta que debes hacerte antes de empezar cualquier cosa. ¿Por qué comprarán tus productos? ¿Cuál es tu factor de éxito?

La lógica es sencilla. Cuando tienes una contestación, tienes un ganador. Tienes un negocio con grandes posibilidades.

Por lo general, no nos la hacemos tanto como debiéramos. Y, cuando lo hacemos, contestamos mal.

La calidad no es un factor de éxito

"La calidad de nuestro servicio o de nuestro producto....". Son palabras que aparecen en todos los argumentarios de venta. La Calidad con letras mayúsculas. La Calidad es nuestra razón de ser.

Suena fantástico, pero sirve de poco. La calidad con letras mayúsculas o minúsculas no es un factor de éxito. No te va a hacer ganar nada.

¿Por qué? Porque la calidad no es nada si no eres capaz de ponerle un apellido. De concretarla.

Piensa. ¿Has oído a alguien alguna vez decir que su producto fuera una basura? No es muy probable.

Tú estás enamorado de tus productos. Todos lo están. Todos tienen productos fantásticos. De máxima calidad. Todos sois iguales.

Más abstracto, más problemas

Ésta es una buena regla. Si vendes conceptos abstractos, tienes más dificultades.

La razón es sencilla. Tus clientes no pueden imaginarlos. Si lo hacen, no tienes la seguridad de que lo hagan como a ti te gustaría.

Ideas como calidad, honestidad, ética, satisfacción,... son peligrosas. Todas caen dentro del mismo grupo. Ideas abstractas.

Puedes jugar con ellas, pero es difícil que aporten resultados.

Con un poco de ayuda funciona mejor

Todo pasa por definir. Por concretar. No es fácil. Cuando lo haces, crees que estás dejando algo fuera. Tiene sentido. Concretar es eliminar cosas.

Olvídate del miedo y hazlo. Elimina todo lo que sobra. Ayuda a tus clientes a visualizar tu servicio o tu producto.

No tiene que ver con su aspecto o sus características. Tiene que ver con la manera exacta en la que tu producto va a ayudarle. Con el qué hará por él y cómo lo hará.

Cuando lo haces así, hablas de calidad. No es calidad en letras mayúsculas. Pero es una definición de calidad que tu cliente entiende. Que tu cliente pone en el contexto de su necesidad. Que tu cliente valora.

¿Cuál es tu factor de éxito? Aquél que hace que tus clientes se decidan por ti. Cuanto más concreto, mejor.

Éste no es un juego de palabras bonitas. Es un juego de soluciones. De soluciones concretas para necesidades concretas. Cuando tienes una, ganas.

Lección nº 14: Encuentra algo que solucione un problema concreto o mejore un elemento específico a un grupo de personas o compañías y ofréceselo.

Lección 15

Lo Que Te Enseñan Las Bodas

Si has tenido la oportunidad de pasear por El "Mall of America" (El centro comercial de América) en Minneapolis, te habrás topado con uno de los negocios más curiosos que hayas visto jamás: "The Chapel of Love" (La Capilla del Amor).

Este negocio es el punto de referencia para todas las parejas que quieren casarse en Minneapolis.

Lo único que tienes que hacer es conseguir tu licencia de matrimonio y, a partir de ahí, ellos te organizan todo.

"The Chapel of Love" es una compañía curiosa que basa su negocio en dos principios de marketing muy potentes: *nicho* y *one-stop-shop* (más en unos instantes).

Nicho

La Capilla cubre una necesidad muy concreta: la celebración de bodas. No hace otra cosa. Se centra en las bodas y da un servicio integral.

Su mercado está perfectamente definido. La mayoría de sus clientes son parejas de veintitantos años que están preparando su boda.

Están ubicados en "The Mall of America", el centro comercial más grande de Estados Unidos. Miles de americanos pasean todos los días por este centro y hacen que La Capilla del Amor sea uno de los negocios más conocidos de la ciudad.

En definitiva, La Capilla del Amor se ha ganado el título de especialistas en bodas. Si vives en Minneapolis y quieres casarte, ¿en quién vas a pensar? Lo primero que te viene a la cabeza es la imagen de "The Chapel of Love". Se han convertido en los líderes absolutos de su nicho. La primera opción.

One-Stop-Shop

Significa algo así como un sitio donde puedes comprarlo todo. Es decir, no necesitas ir a otras tiendas para encontrar lo que buscas porque ellos pueden cubrir todas tus necesidades.

The Chapel of Love es un negocio *one-stop-shop* que integra todos los productos y servicios que puedes necesitar para celebrar tu boda.

Si le echas un vistazo a su web www.chapeloflove.com , podrás comprobar lo que te estoy diciendo:

Boutique: venden vestidos, velos, zapatos, accesorios para la novia, damas de honor, niños, etc.

Reportaje fotográfico: ofrecen distintas colecciones de fotografías para satisfacer todos los gustos y bolsillos.

Paquetes de boda: combinación de los distintos elementos que necesitarás para celebrar tu boda. En función del presupuesto de la pareja y sus gustos, pueden optar por un paquete u otro: alquiler de la capilla por un tiempo determinado, personalización de la música, sacerdote, planificación de la boda, botella de champán,... y organización de la recepción final.

Paquetes a la carta: para las parejas que quieran ser más originales, también hay una opción de bodas a la carta. Un planificador de bodas trabaja con los novios para definir cómo será la boda, encajarla en su presupuesto y organizarla donde estimen oportuno.

Como ves, sólo tienes que ponerte en manos de estos especialistas y ellos se encargan de todo.

Al margen de lo curioso o no que pueda ser el modelo de negocio de "The Chapel of Love", lo que es realmente interesante es el hecho de que pequeños negocios puedan sacarle tanto partido al concepto de Nicho y de One-Stop-Shop.

Cualquier pequeño negocio puede seguir estas estrategias y adaptarlas a su naturaleza. Todo lo que hay que hacer es centrarse en un mercado muy concreto (no disperses) y ofrecer soluciones integrales llave en mano para facilitarle la vida a tus clientes.

Lección nº 15: Céntrate en una necesidad, conviértete en un especialista y dale a tu cliente todo lo que tenga que ver con ella.

Lección 16

El Poder De La Física

A mediados del siglo III a.c., un famoso científico de Siracusa se atrevió a desafiar a su rey. ¿El reto? Levantar con la fuerza de una única mano un barco de tres mástiles y 50 metros.

Embarcó a toda la tripulación. Llenó hasta arriba la nave con mercancías. Finalmente, delante de un público incrédulo, activó con su mano un sencillo sistema de poleas y el barco empezó a moverse. Continuó con el movimiento hasta botarlo sobre el agua.

El científico de Siracusa se llamaba Arquímedes y acababa de demostrar una de las aplicaciones del efecto palanca. Había utilizado cuerdas en lugar de palos, pero el principio era el mismo: multiplicar su fuerza hasta niveles increíbles, utilizando una palanca.

Los ingleses tienen un verbo que se escribe "Leverage" y que significa algo así como apalancar. Este verbo inglés tiene mucho que ver con Arquímedes.

Las ventajas de apalancarse

El concepto es sencillo. Una palanca te permite multiplicar tu fuerza por "n" y conseguir mucho más que lo que podrías conseguir haciendo las cosas tú sólo.

Entonces, apalancar es el hecho de rodearse de elementos que te permitan conseguir más cosas con menos esfuerzo.

Hay dos tipos de emprendedor. Los que trabajan duro, asumen toda la responsabilidad y lo hacen todo en primera persona. Luego están los otros. Los que prefieren trabajar inteligentemente a trabajar más.

Éstos últimos son emprendedores apalancados. Se hacen con los elementos adecuados para multiplicar su trabajo y conseguir mejores resultados.

En inglés se dice que estos últimos emprendedores "leverage their strengths" (aprovechan al máximo sus fortalezas). En español no solemos utilizar el verbo apalancar en este tipo de expresiones. Bueno...sí, apalancamiento financiero. Pero el concepto va mucho más allá.

Me parece que lo único que tiene sentido desde el punto de vista de los negocios es ser un emprendedor apalancado. Es decir, conseguir más con menos. Esta idea tendría que estar en el corazón de todas las compañías.

Tres palancas básicas

Hay tres palancas básicas. Tres palancas que debes perseguir. Contar con cualquiera de ellas cambiará tu negocio. No hacerlo, simplemente supondrá más esfuerzo.

1.- Las personas. Es la palanca natural. La extensión de tus funciones dentro de tu compañía. Intentar hacerlo todo puede divertirte, pero no es productivo.

Rodéate de buenos profesionales que hagan bien las cosas. Que lleguen donde tú no eres capaz de llegar. Evitarás bloqueos. El flujo de trabajo será más fluido y tu negocio crecerá.

2.- La Tecnología. Acelera los procesos, mejora los resultados y, en el medio y largo plazo, abarata los costes.

Hay dos tipos de negocios: los que aprovechan la tecnología y los que no lo hacen. Dentro de poco, sólo habrá un tipo de negocio: los que aprovechan la tecnología.

3.- El dinero (el tuyo y el de otros). Para crecer más necesitas más financiación. Vende tu idea. Busca compañeros de viaje. Acumula fondos y lánzate por una aventura mayor.

Si tus recursos son 10, podrás apuntar a objetivos de 10. Si tus recursos son 100 (10 tuyos más 90 de otros) estás jugando en otra liga gracias a la palanca de los recursos de otros.

Lección nº 16: La palanca tiene un componente mágico. Su efecto multiplicador fascina. Aprende a utilizarla correctamente y podrás mover el mundo.

Lección 17

Los Parquímetros No Son
Un Buen Negocio

Si vives en una gran ciudad, es muy probable que tengas zona azul. Básicamente, se trata de un invento de los ayuntamientos para generar ingresos.

¿Cómo funciona? El ayuntamiento de turno explota su propiedad. Si vas en coche y quieres aparcar... ¡Ningún problema! El ayuntamiento te deja hacerlo a cambio de una contribución.

El mecanismo es sencillo. Aparcas el coche. Metes unas monedas en el parquímetro y te alquilan el espacio público por un tiempo. Es fácil, pero el modelo tiene un problema. Está limitado.

El ayuntamiento recauda, pero no puede recaudar más. Número de plazas por horas del día por tarifa del minuto. Ésa es la fórmula. No hay más. Cuando ocupas el máximo de plazas durante el máximo de tiempo a las tarifas marcadas, los ingresos se bloquean. Pueden ser altos, seguro, pero no pueden seguir creciendo. Bueno...sí. Puedes subir el precio hasta el infinito, pero no es muy realista.

Negocios azules

Hay muchos negocios que son como las zonas azules de las ciudades. Cuando has llegado al máximo de tu capacidad, te bloqueas. Ya no puedes crecer más. A partir de ahí, no hay negocio.

Mira a tu alrededor. Está lleno de ejemplos: abogados, médicos, arquitectos, asesores, peluqueros, fontaneros,... Todos están en este modelo de negocio. Tienen una limitación: el tiempo. Todos cambian tiempo por dinero. Cuando se acaba el tiempo, se acaba el negocio.

Es un modelo clásico, pero no es un modelo bueno. Si quieres maximizar tu potencial para generar ingresos, este modelo no funciona.

Otros colores

Hay otras posibilidades. Hay otros modelos de negocio. No están sujetos al tiempo. No tienen restricciones. Estos modelos pueden tener color, pero no son azules.

No es difícil. Sólo tienes que pensar de otra manera. Sólo tienes que creer que tu negocio puede aportarte ingresos de muchas formas diferentes.

Piensa en un profesor de golf. Pasa un montón de horas con sus alumnos. ¿Sus posibilidades de ingresos? Llenar sus clases hasta la bandera. Más allá no hay nada. Ahí se terminan sus posibilidades. Ése es el modelo tradicional. Ése es el negocio azul.

Piensa en ese profesor de otra manera. Sigue con sus clases, pero, además, las graba. Produce un video. Lanza un blog. Genera tráfico con contenido de calidad. Coloca el vídeo de sus clases en su tienda online y empieza a venderlo. Busca otras plataformas y sigue vendiéndolo. ¿Dónde está el límite? Ya no cambias tiempo por dinero. Has cambiado las reglas de juego.

Pero todo no es Internet. Tienes un restaurante. Lo haces funcionar. Lo has sistematizado hasta tal punto que es una máquina perfecta. Te sales del engranaje. Tiene vida propia.

En este caso, has convertido un trabajo en un activo. Ya no gestionas tu tiempo, gestionas tu activo. Ahora puedes dedicar tu tiempo a replicar el sistema. Una, dos, tres... veces. Tantas como quieras. Sigues construyendo activos. Sigues gestionándolos. Sigues rompiendo los límites.

Las posibilidades son infinitas. Puedes hacerlo en todos los negocios. No hay grandes límites. Todo depende de cómo pienses en tu negocio. Si eres capaz de pensar más allá de lo evidente, hay grandes posibilidades. Si no lo haces, sabes que tu negocio seguirá siendo azul para siempre.

Lección nº 17: Los negocios más rentables no cambian tiempo por dinero. Los negocios más rentables son sistemas que funcionan 24/7 sin necesidad de que estés encima de ellos.

Lección 18

¡Más Picante, Por Favor!

Dave´s Gourmet es una compañía americana que se hizo famosa al lanzar al mercado su famosa salsa picante. "Dave´s Insanity Sauce" (Salsa "La Locura de Dave") es una salsa hecha con extracto de capsaicina. Este compuesto químico es el componente activo de los pimientos picantes.

¿Qué significa todo esto? Pues que si echas un poco de esta salsa en cualquiera de tus comidas no volverás a sentir nada en tu boca durante unas cuentas horas (es unas 60-70 veces más picante que el Tabasco).

"Dave´s Insanity Sauce" tuvo durante algún tiempo el honor de ser la salsa más picante del mundo, hasta que, poco a poco, otros imitadores se subieron al carro y empezaron a fabricar salsas con niveles de concentrado superior a la de Dave.

Una estrategia inteligente

¿Por qué es interesante la historia de Dave? Estamos hablando de una pequeña compañía que ha sido capaz de poner su nombre en el mapa con un producto. ¿Qué te parece? No está mal para no tener demasiados recursos.

La estrategia de Dave es una estrategia inteligente. Realiza las siguientes reflexiones:

1.- ¿Quiero competir de igual a igual en una categoría masificada donde están los grandes gorilas del sector? ¿Pretendo ir a por el gran mercado con recursos inferiores al resto?

2.- ¿Renuncio al gran mercado y me centro en un nicho que los grandes desprecian porque no es lo suficientemente relevante para ellos? ¿Peleo por ser el único pez en un estanque muy pequeño?

Dave optó por la segunda alternativa y acertó de lleno. Se convirtió el líder absoluto de esa subcategoría (salsas extremadamente picantes) y pese a que los demás le imitaron no han podido desbancarle. Desde entonces, más variedad de productos, más facturación y más crecimiento.

La locura es rentable, o, en este caso, la valentía de irse hasta el extremo para marcar la diferencia con el resto demuestra que puede dar sus frutos.

Dave demostró su inteligencia al renunciar a la lucha con los grandes dominadores del sector. No tendría ninguna oportunidad. No es una pelea de igual a igual.

Sin embargo, cuando Dave decide ocupar un nuevo nicho, esta creando un negocio que no existe. A partir de ahí, lleva ventaja por ser el primero. Es él el que lo desarrolla.

Cómo Hacerlo

Si quieres poner en práctica la misma estrategia que ha convertido a Dave´s Gourmet en la compañía radical de salsas y snacks, sólo tienes que seguir estos tres pasos:

1.- Ten claro que estás renunciando al gran mercado. Por el momento, estarás diciendo que no a la posibilidad de vender grandes cantidades de producto a un gran número de consumidores. ¿Plantéate si es una posibilidad real o, simplemente, no estás en condiciones de competir?

2.- Vete al extremo. Aquí no valen las medias tintas. En el ejemplo de "Dave´s Insanity Sauce", una salsa que hubiese sido tres o cuatro veces más picante que el Tabasco no habría tenido el mismo éxito que la salsa de Dave. Si lo haces, vete al extremo. Sé memorable. Haz algo que impresione. Algo que la gente pueda recordar. Algo único.

3.- Sigue alimentando tu posicionamiento. Muchos te van a querer imitar. Muchos manejarán un presupuesto mayor que el tuyo, pero ninguno puede ser ya el primero. Aprovecha esa ventaja que has conseguido y sigue trabajando en la misma dirección.

Esta estrategia le ha dado a Dave unos resultados increíbles. ¿Por qué no va a funcionar en otros entornos y con otros productos? Suena bien, ¿no?

Lección nº 18: Elige una característica de tu producto o servicio y llévala al extremo.

Lección 19

El Canibalismo Tiene Ventajas

Kodak is gone. Sí, se ha terminado. Caput. Finito. O, por lo menos, está en vías de ello si no resuelve sus graves problemas.

Kodak ha solicitado la protección del Capítulo 11(expediente de quiebra). Un complejo entramado legal-administrativo al que se someten las empresas con problemas financieros en Estados Unidos.

Si en un espacio reducido de tiempo no consigue solventar su situación,... ¡Adiós!

Número Uno

¿Cómo es posible? ¿Qué puede pasar para que una compañía como Kodak llegue a esta situación?

Kodak es el padre de las cámaras, de la película,... ha sido líder mundial durante tantos años... que no puedo recordar cuando dejó de serlo.

No ha inventado la fotografía, pero la fotografía no sería lo mismo sin Kodak. Sus cámaras y sus carretes la popularizaron. La hicieron asequible. La llevaron a todos los rincones del mundo.

En 1880 se crea la compañía que daría lugar a Kodak

En 1884 lanzan la primera cámara para uso no profesional

En 1885 inventan el rollo de película

......

En 1930 se incorpora al índice Dow Jones

En 1935 introduce Kodachrome

En 1963 lanzan la cámara Instamatic

......

En 2012 solicitan la protección del capítulo 11 de la ley de quiebras

Al final, la fotografía digital ha podido con Kodak.

¿Quién canibaliza a quién?

Sí, al final, la fotografía digital ha podido con Kodak.

¿No se dan cuenta? ¿El número Uno no es consciente de que el mundo digital puede ponerle contra las cuerdas? ¿No son capaces de verlo?

Lo que muchos no saben es que fue Kodak la compañía que inventó la cámara digital (Steven Sasson, ingeniero eléctrico de Kodak -1975). ¿Entonces....?

La situación parece más ridícula todavía. La compañía que es capaz de crear una industria está en peligro de extinción por la situación en la que le ha colocado la tecnología que ella lideró y que no se atrevió a lanzar. ¿Hay algo más estúpido?...

Hay una razón. Siempre hay una razón. Los directivos de Kodak no se atrevieron a lanzar la nueva cámara digital para no canibalizar a su negocio principal: la película.

Es fácil llenarse de argumentos. Somos líderes. Tenemos una cuota de mercado desproporcionada. ¿Por qué vamos a lanzar nada que pueda competir contra nosotros mismos? ¿Por qué vamos a atacar a nuestro propio negocio?

¿Por qué? ¿Cómo que por qué? Porque, si no lo haces tú, lo hará otro. Porque si no lo canibalizas tú, lo va a canibalizar tu competencia. ¿Por qué? ¿Te parece suficiente porqué?

La Misión es mucho más que un concepto bonito

La Misión_de tu compañía define el campo en el que juegas. Te ayuda a saber qué es lo que haces. Qué es lo que debes hacer.

Si un producto, tecnología,... cae dentro de la misión, es correcto. ¡Adelante! Cuando el producto está fuera, no es recomendable seguir con el desarrollo. No está en la misión de tu compañía.

Me da la sensación que la misión de Kodak ha sido durante demasiado tiempo "La Película".

Seguramente, éste es el error. La misión de Kodak ha sido durante demasiado tiempo la "Película" cuando debería haber sido la "Fotografía".

¿Eso es todo? ¿Una palabra es el problema? Sí, claro que es el problema. No es una palabra. Es una manera de entender el negocio.

Cuando tu Misión es la "Película", cualquier tecnología nueva que supere a la "Película" te puede desbancar. Cuando tu Misión es la "Fotografía", cualquier tecnología nueva que supere a la "Película" tienes que desarrollarla tú.

Ser número Uno es fantástico, pero puede ser peligroso. Puede ser peligroso si no te atreves a hacer cosas y dejas que las hagan los demás. Puede ser peligroso si entiendes tu misión, pero no entiendes tu negocio.

Lección nº 19: Sé el primero en lanzar un producto nuevo, aunque te duela un poco al principio.

Lección 20

No Necesitas Demasiadas Ideas

La idea no es tener muchas ideas. La idea es quedarte con una buena y desarrollarla correctamente.

Blake Mycoskie es un emprendedor americano. Después de un viaje a argentina, decidió montar "Toms Shoes". Una compañía para vender zapatos.

La inspiración le vino cuando vio las típicas alpargatas que llevaban los granjeros argentinos. Un calzado básico que han utilizado las clases más pobres durante décadas.

El inicio no es nuevo

Vender zapatos no es especialmente original. Puede estar bien. Si das con un buen diseño y gestionas correctamente tu negocio, puedes tener una oportunidad. Pero no es nada nuevo.

Si la idea es esa, su recorrido es limitado. Es como otras muchas ideas. Es normal y tendrá resultados normales.

Sencillo igual a potente

En su viaje a Argentina, Blake observó que muchos niños iban descalzos. Un problema grave para la salud de los chavales.

¿La idea? Sencilla, zapatos para gente descalza. Simple y potente. No necesitas nada más.

¿Cómo desarrollarla? ¿Cómo hacerla rentable? Ya tienes la idea. Ése es el primer paso. Ahora hay que darle forma.

La solución es tan sencilla como la idea. Por cada par de zapatos vendidos, Toms Shoes entrega un par de zapatos a un niño descalzo. Toms es una compañía "One for One" (Uno por Uno).

Ésta es una buena idea

Las grandes ideas funcionan así. Muchas veces no hay que inventar nada. Es más simple. Basta con añadir algo a la idea tradicional. Algo que transforma su naturaleza y que le coloca en un nivel superior.

Toms Shoes lo ha hecho y ya ha entregado más de un millón de zapatos a niños descalzos. Puedes hacer tus cálculos. Además, sigue desarrollando la idea. Más zapatos, más filantropía y más ingresos. Es una buena combinación.

Blake Mycoskie ha impulsado el concepto de "One for One". Lo ha conseguido. Ha transformado una idea normal en una idea excepcional añadiéndole algo.

Tú también puedes hacerlo. No tienes que hacer lo que hace Toms. Cada uno tiene su personalidad. Pero tienes que encontrar una buena idea y desarrollarla.

Lección nº 20: Una buena idea puede ser suficiente.

Lección 21

Las Debilidades No Te Ayudan A Competir

Es probable que te hayas planteado qué merece más la pena: centrarte en tus puntos fuertes, en tus fortalezas, en lo que haces realmente bien o identificar tus puntos débiles e intentar mejorarlos y alcanzar un nivel mínimo aceptable.

No hay recetas. Lo que funciona para unos a lo mejor no funciona para otros. Pero, desde mi punto de vista, si tuviese que elegir alguna de estas estrategias, seguramente elegiría la estrategia de seguir trabajando mis puntos fuertes.

La explicación puede tener sentido. Si identifico mis puntos débiles y voy desarrollándolos, es muy probable que... bueno... que el nivel que alcance no sea un nivel excelente. Que sea simplemente un nivel medio.

Por desgracia, los niveles medios no te diferencian de la competencia. No te hacen ser un mejor competidor.

Si, por el contrario, el esfuerzo que estás dedicando a mejorar tus debilidades lo vuelcas sobre tus puntos fuertes, el punto de partida es totalmente distinto. Partes de una situación de privilegio. Una situación en la que ya, seguramente, eres superior al resto o superior a muchos de tus competidores y... bueno... lo único que estás haciendo es ser cada vez mejor. Estás desarrollando una ventaja competitiva cada vez superior. ¿No?

Tiene sentido. Tiene sentido hacerlo de esta manera y sacarle el máximo partido al esfuerzo que estás poniendo en la gestión de tu negocio.

Lección nº 21: Céntrate en tus puntos fuertes y desarróllalos hasta que se conviertan en una ventaja competitiva imbatible.

CAPÍTULO 3

Bueno… Ahora Hay Que Manejar Todo Esto

"Si todo está bajo control, no vas suficientemente rápido".

-Mario Andretti

Lección 22

¿Qué Hay Que Hacer Bien?

El management tiene muchas interpretaciones. Hay miles de libros que hablan de management. Miles de libros con miles de ideas. Todos los que tienen una idea escriben un libro. Está bien.

El management puede ser complejo. Depende de la aproximación.

Si hablas de funciones, el tema es denso. Dirección, objetivos, personas, productividad, procesos, operaciones,... No sé, puedes incluir casi tantas cosas como te parezca. Luego, tienes que entrar en cada una de ellas. Proyectos, recursos, actividades, responsables, tiempos,...

Puedes parar donde quieras. Da lo mismo. El tema va creciendo. Se va haciendo cada vez más grande. Hay un momento que no lo puedes manejar.

Hay otras formas de verlo

Cuando hablas de funciones, hablas de muchas cosas. Las funciones son demasiadas. Demasiadas para casi todos.

Se puede llegar a un sitio parecido más fácilmente. Lo puedes hacer más simple. Más manejable.

Los ingleses utilizan una expresión que me gusta. "Do the right things right" (Haz bien lo que tienes que hacer bien). Es una gran expresión. Es simple, pero significa muchas cosas.

Haz lo que tienes que hacer

Las cosas tienen distintos niveles. Tienen distinta relevancia. Algunas no tienen ninguna. Puedes poner foco en todas o puedes seleccionar. Menos funciona. Menos de más relevante es mejor.

Primero elige. Quédate con lo que de verdad importa. ¿Qué importa? Ése es tu trabajo. No es igual para todo el mundo. No es igual para todos los negocios. Lo que importa es lo que te mueve. Lo que te mueve más rápidamente y con más impacto.

Ése es tu foco. Ahí es donde tienes que presionar. Haz tus deberes y encuéntralo.

Hazlo bien

La ejecución es la segunda variable. Haz bien lo que tienes que hacer bien.

Te centras en menos cosas, pero son más críticas. Has eliminado lo menos relevante. Ahora, todo es ejecución. Ejecuta correctamente.

El management puede ser complejo o puede ser más simple. Puedes centrarte en las funciones o puedes centrarte en las cosas que hay que hacer bien. Tiene sentido hacer lo que hay que hacer y además hacerlo bien.

Lección nº 22: Haz bien lo que tienes que hacer bien.

Lección 23

El Tiempo Es Dinero

¿Utilizas correctamente tu tiempo? El tiempo es dinero (Benjamin Franklin). Cada vez que no lo utilizas correctamente lo estás tirando a la basura.

El anárquico

Hay algunos que piensan que si planificas demasiado te conviertes en un burócrata. Pertenecen al tipo Actúo-Ya. Este tipo es agresivo. Vive dominado por el impulso constante.

Por lo general, su falta de planificación hace que todo sea un poco caótico. Son felices pensando que todo su impulso y ocupación se traduce en productividad.

El burócrata

Luego está el otro tipo. El tipo reflexivo. Éste planifica hasta la saciedad. Compara planificaciones y decide. "¡Eh,...espera! A lo mejor si utilizo de otra forma mi tiempo le puedo sacar más partido". Otra planificación.

Está bien, pero viven en una contradicción: utilizan para planificar el tiempo que pretenden ahorrar ¿?

El sensato

Finalmente está el tipo sensato. El que se encuentra entre los dos anteriores. Éste no se vuelve loco con el impulso ni hace más de una planificación. Simplemente, se hace 3 preguntas cuando se plantea cómo utilizar su tiempo:

1.- ¿Por qué voy a hacer esto? ¿Cuál es el objetivo? No te dejes llevar por la inercia o por el calor del momento. Si no sabes muy bien porqué estás haciendo algo, no lo hagas. Ya está. No hay que darle más vueltas.

Las cosas sólo tienen sentido cuando sabes porqué las haces. Así, descartarás de entrada todo lo que no merece la pena.

2.- ¿Si no lo hago, qué pasa? ¡Qué cantidad de tiempo te habrías ahorrado si te hubieses hecho más a menudo esta pregunta! El gran riesgo de contestarla es que te des cuenta de que no pasa "Nada".

Entonces, si no pasa Nada, ¿por qué tengo que hacerlo? No, no tienes que hacerlo. De esta manera, aplicas un filtro para ir eliminando lo que no es relevante.

3.- ¿Qué prioridad le asigno? Ya has decidido que lo que vas a hacer merece la pena. Ahora, sólo tienes que ordenarlo. Compara su importancia con la cola de temas pendientes. Encuéntrale el hueco adecuado y planifícalo. Ahora, sólo te queda ir realizando todo lo que has planificado.

Con esta última pregunta, te aseguras hacer primero lo primero. Lo realmente importante. Si luego queda tiempo, fantástico, sigues con el resto.

El siglo XXI es un siglo complicado. Hay más cosas que ver. Más cosas que leer. Más cosas que oír. Todo va mucho más deprisa. Si no quieres perderte nada de lo que realmente interesa, aprende a organizar tu tiempo siguiendo las tres preguntas que te he comentado. Tu día a día te lo agradecerá.

Lección nº 23: Aprende a organizar tu tiempo. No lo desperdicies.

Lección 24

Querrás Pertenecer Al Grupo Del 3%

En la década de los 50, se realizó un experimento en la Universidad de Harvard para estudiar el poder de los objetivos.

Se cogió a un grupo de alumnos y se les preguntó quién se había fijado objetivos específicos que quisiesen conseguir a lo largo de su vida.

Como era de esperar, todos respondieron afirmativamente. Después, se les hizo una segunda pregunta. ¿Cuántos de vosotros habéis reflejado esos objetivos por escrito?

Aquí las cosas fueron distintas. Sólo un 3% de todos los alumnos encuestados contestaron que tenían sus objetivos por escrito.

Veinte años después, los mismos investigadores hicieron un seguimiento de los alumnos encuestados. Descubrieron que el 3% de los alumnos que confesó tener los objetivos por escrito habían acumulado más riqueza que la suma total de la riqueza del 97% restante.

Los objetivos marcan el punto de llegada

Imagina cómo sería cualquier viaje sin un destino claro. Un viaje para que sea viaje debe tener un destino. Si no sabes donde tienes ir cómo vas a saber qué tienes que hacer para llegar.

Cuando conoces tu destino, puedes decidir qué ruta elegirás (ese es otro asunto), pero escojas la que escojas siempre debe dirigirte a tu objetivo.

Te ayudan a corregir desviaciones

Es imposible que tomes ninguna medida para cambiar nada cuando no sabes qué hay que cambiar. Las desviaciones sólo se pueden detectar si nos salimos de la calzada. Pero, cuando no sabemos a donde vamos, todas las calzadas son buenas. ¿Recuerdas el diálogo de Alicia en el país de las maravillas con el Gato de Cheshire?

Alicia: ¿Qué camino debo seguir para salir de aquí?

Gato: Esto depende en gran parte del sitio al que quieras llegar.

Alicia: No me importa mucho el sitio...

Gato: Entonces tampoco importa mucho el camino que tomes.

Te mantienen en movimiento

Las posibilidades de que abandones son muy altas cuando no tienes claro donde quieres llegar.

El hecho de saber que hay un punto de destino y que, poco a poco, te vas acercando a él es un elemento de refuerzo que te va a permitir tener la actitud adecuada cuando lleguen los momentos malos y te mantendrá en movimiento todo el tiempo.

Te permiten superarte

Si vas fijando pequeños objetivo a lo largo del camino, cada vez que alcances uno de ellos, sentirás un profundo sentimiento de realización.

Con cada realización, llegará un nuevo objetivo y el proceso se repetirá, así, sucesivamente. La secuencia de objetivos alcanzados es la secuencia de tu propia superación. Los objetivos te permiten llegar más lejos.

Los objetivos tienen la capacidad de sacar lo mejor de cada uno de nosotros, de llevarnos al máximo de nuestras posibilidades.

No te quedes en ideas vagas y objetivos poco específicos. Tómate tu tiempo, decide qué quieres hacer con tu vida, con tu negocio, con tu...., define tus metas, déjalas por escrito y dirige todos tus esfuerzos en esa dirección.

Lección nº 24: Define tus objetivos y escríbelos.

Lección 25

La Sencillez Aumenta Tus Ingresos

Creemos que para crecer más hay que hacer más cosas. Siempre más. Parece coherente. Pruebas cosas y las vas incorporando. Más productos, más procesos, más personas,... Más en general. El negocio se va desarrollando. Se va haciendo más complejo.

Ésta es una forma de crecer. Es la tradicional. No haces nada especial. Sólo te dejas llevar por la inercia del desarrollo. Al final, tu negocio es un mecano complejo que da dinero.

Hay otras formas de hacer crecer tu negocio. Se utilizan menos, pero son más naturales.

Otras formas de crecer

Entre 1985 y 1989, el sector de fabricantes de máquinas en Alemania creció la mitad que el PIB alemán. En el sector, muchas compañías crecían al 3%, mientras que otras lo hacían al 9%.

McKinsey & Company ("Simplicity Wins" –Rommel, Kluge, Kempis) realizó un estudio para entender las causas de esas diferencias. Analizó muchas de esas compañías: sus productos, sus procesos, sus clientes,...

El estudio arrojó una conclusión sorprendente. Las compañías con mejores resultados eran las más sencillas. Estas compañías superaban al resto en muchas de las áreas. ¿El resultado final? Crecimientos excelentes.

¿Qué significa ser sencillo?

La respuesta es fácil. Pensar de forma sencilla y actuar de forma sencilla. No tiene mucho más.

Las compañías excelentes tienen una idea sencilla de su negocio. Además, la respetan en todas sus actuaciones.

Para ser sencillo, tienes que ser sencillo en todo. Tus clientes, tus productos, tus proveedores,... Tienes que ser sencillo en cada una de las áreas. En todas tus operaciones.

Todos los clientes no son tus clientes. Tus clientes son aquellos que sirves con pasión. Que valoran los beneficios de tus productos o servicios. Que te hacen ser mejor. El resto no son tus clientes.

Todos los productos no son tus productos. Tus productos son todos los que cubren la necesidad fundamental de tus clientes. Los que son coherentes con tu negocio. El resto no son tus productos.

Todos los proveedores no son...

¿Cómo ser sencillo para ser rentable?

Hay fórmulas para ser "sencillo". McKinsey aporta una en su estudio. Es una fórmula de tres elementos. Objetivos, estructuras y procesos.

Una de las claves de la sencillez es el número y naturaleza de tus objetivos. Pocos objetivos poco complejos. Es difícil. La inercia te lleva en otra dirección, pero no funciona.

Las organizaciones complejas tampoco ayudan. Seguro que hay justificaciones teóricas para todo. Pero, al final, hay que entender las cosas. Si tu organización no se entiende fácilmente, no puede ayudarte.

Hazlo fácil. Fácil mejor que difícil. Procesos simples, procesos directos y en menos tiempo. Después, la ejecución. Siempre es lo más importante. No hay nada sin ejecución. Ejecuta la sencillez. Es una fórmula ganadora.

Las conclusiones de McKinsey & Company (Rommel, Kluge, Kempis) son muy potentes. Puedes crecer de muchas maneras, pero hay maneras y maneras. Con algunas fórmulas creces. Con otras eres excelente.

Lección nº 25: Fija unos objetivos claros, construye una organización ligera y define unos procesos ágiles. Las mejores compañías funcionan así.

Lección 26

Consigue Más Trabajando Menos

Michael Gerber, el autor de "El Mito del Emprendedor", dice que los negocios se tienen que organizar alrededor de los procesos, no de las personas. Hay que construir sistemas para todos los procesos. Al final, hay que dejar que los sistemas dirijan el negocio y que las personas dirijan los sistemas.

Seguramente, Michael Gerber tiene razón. Una de las mejores fórmulas para mejorar el funcionamiento de tu negocio son los sistemas. Los sistemas te ayudan a hacer las cosas más rápidamente y con menos errores.

¿Una definición? Una serie de acciones que repetidas de la misma manera arrojan resultados similares.

Es una buena idea utilizar sistemas. Simplemente, hacen que tu negocio sea mejor.

Hay que observar con detenimiento

Antes de ponerte a diseñar sistemas como un loco, observa con detenimiento qué cosas haces y cómo las haces.

No hay que sistematizarlo todo. Hay cosas que merecen la pena y otras que no. No caigas en la trampa de no ser eficiente por querer sistematizarlo todo.

¿Cuál es el criterio? Tienes que ir al origen. ¿Por qué quieres sistematizar tu negocio? Porque quieres ahorrar tiempo y dinero. Ahí está la respuesta.

Sólo tienes que poner sistemas en funcionamiento en aquellas tareas o procesos que te permiten ahorrar tiempo y dinero de una manera relevante. El resto no es algo que te deba preocupar.

Define un sistema para desarrollar sistemas

Es sencillo. No hay que reinventar la rueda. Basta con que te hagas las preguntas adecuadas. Las preguntas que afectan al proceso que quieres sistematizar.

¿Qué tengo que hacer? Enumera las acciones necesarias para terminar un proceso y conseguir el resultado esperado. Desagrégalas. Las acciones son la base de todo. Ellas te marcan el desarrollo de tu sistema.

¿Cómo lo tengo que hacer? ¿Cómo estás realizando cada una de las acciones? ¿Se puede hacer mejor? Estas preguntas hacen referencia a la manera. A la manera de resolver una acción concreta. Asegúrate de dar con la fórmula más adecuada.

¿Qué necesito para hacerlo? Según cómo lo hagas, es posible que necesites unas herramientas u otras. Analiza lo que tienes que hacer e identifica las mejores herramientas para hacerlo. Cuando las tengas, las incorporas al sistema.

¿Cuándo hay que hacerlo? Los sistemas siguen un esquema secuencial. Primero una acción o conjunto de acciones. Después, otras. Así sucesivamente hasta que completas el proceso y defines el sistema. Define en qué momento se hace qué cosa.

¿Dónde hay que hacerlo? Refleja el sitio donde se desarrolla cada acción. Quizá, todas se realizan en el mismo sitio. Está bien, pero puede no ser así. El lugar de trabajo de cada acción puede tener influencia sobre el diseño del sistema.

¿Quién tiene que hacer qué? Un sistema sin responsabilidades no funciona. Todos tienen que saber en qué acción participan y qué es lo que tienen que hacer.

Ésta es toda la información que necesitas. No caigas en la tentación de trabajar con más de la necesaria. Sólo información relevante.

Utiliza gráficos

Puedes hacerlo como te parezca más oportuno. Pero los gráficos ayudan. Lo ponen todo en contexto. Son visuales y facilitan la comprensión del sistema.

A este tipo de gráficos se les llama Flowcharts (flujo de trabajo). Hay miles de herramientas en el mercado. De pago y gratuitas.

No necesitas grandes florituras. Con que te hagas con una herramienta que te permita dibujar las acciones que tienes que realizar, te permita identificarlas y conectarlas es suficiente.

Entra en google y teclea "software diagramas de flujo" o "flowchart software" y te aparecerán un montón de resultados. Bájate el que encaje mejor con tus necesidades.

Crear sistemas es un proceso sencillo, pero no estamos acostumbrados. Al principio te puede costar un poco. Cuando hayas creado unos cuantos la cosa cambia. Tendrás confianza y dominio. Todo será mucho más fácil.

Recuerda, tu negocio no es desarrollar sistemas. Tu negocio es gestionar de la mejor forma posible tu negocio y los sistemas te ayudan a conseguirlo.

Lección nº 26: Los negocios que tienen sistemas funcionan con piloto automático. Les tienes que dedicar menos tiempo y producen más.

Lección 27

¿Qué Le Pasó Al Comandante?

El 22 de octubre de 1707 tuvo lugar uno de los mayores desastres navales de la historia de Gran Bretaña.

En medio de una tormenta, cuatro barcos de la armada británica se estrellaron contra las costas de las islas Scilly. El número de marineros que perdieron la vida nunca se supo con seguridad. Las cifras que se manejaron oscilan entre 1.400 y 2.000.

La flota estaba comandada por Sir Cloudesley Shovell (comandante en jefe de la armada británica). La trayectoria de Shovell y su participación en numerosas batallas le habían convertido en un héroe popular. Sin embargo, pasará a la historia como el causante de una de las mayores tragedias de la historia naval de Gran Bretaña.

¿Qué pasó?

¿Cuál fue la razón para que uno de los marinos más experimentados de la armada británica perdiese el rumbo y terminase incrustado en las rocas de las islas Scilly?

Se barajaron muchas hipótesis. Aunque no se puede afirmar con seguridad, parece que el motivo que causó el accidente fue la falta de capacidad del comandante para interpretar correctamente la "longitud" y calcular su posición correcta.

Además, para complicar algo más la historia, se dice que un marinero raso le advirtió del error que estaba cometiendo. Shovell no hizo caso de la advertencia y le colgó del palo mayor por amotinarse.

Al final, cuatro barcos y 2.000 marineros terminaban en el fondo de las aguas de las islas Scilly.

¿Cómo son los buenos líderes?

Esta historia es perfecta para ilustrar algunos de los aspectos más importantes del liderazgo. Para ser un buen líder, debes:

1.- Tener la autoridad. Shovell se la había ganado con su participación en numerosas batallas defendiendo los intereses de Gran Bretaña. Era un personaje reconocido y admirado.

2.- Tener el conocimiento. El comandante Shovell se había unido a la armada cuando tenía 14 años y durante todo el tiempo que sirvió a su país (43 años) desempeñó todas las responsabilidades imaginables.

3.- Tener los elementos necesarios. En el momento de la tragedia, Shovell comandaba una flota de hombres de mar equipada con las mejores herramientas de la época. Si estaban preparados para pelear en cualquier batalla, debían estarlo para sortear unas islas en su rumbo.

4.- Saber interpretar correctamente esos elementos. Shovell cometió dos errores fatales. El primero fue no interpretar correctamente la "longitud" de su posición. Tenía el conocimiento y las herramientas, pero se equivocó en la interpretación. El segundo, no prestar atención a la alarma que dio el marinero. No supo escuchar a los demás.

Al final de la historia, lo que queda es que Shovell fue un mal líder. Llevó a la muerte a cientos de personas por no manejar correctamente todos los aspectos del liderazgo.

Esta lección la puedes aplicar en todos los ámbitos: profesional y personal. Si quieres dirigir un proyecto, asegúrate de que no te dejas ninguno de estos aspectos por el camino.

Lección nº 27: Los buenos líderes tienen autoridad y conocimiento. Manejan las herramientas importantes y las interpretan correctamente.

Lección 28

Delegar o No Delegar, Ésa Es La Cuestión

Coges un manual de management. ¿Delegar? Claro que sí. Céntrate en lo importante. Explota lo que sabes hacer. ¿Lo demás? Lo demás lo delegas. Lo demás lo sacas fuera.

Lo primero es lo primero. Lo demás no es crítico. No es corazón.

La lógica funciona. Suena bien. Si sabes hacer algo, hazlo. Si no sabes hacerlo, busca a alguien que lo pueda hacer por ti.

Tiene más o menos sentido. Pero yo tengo otra opinión. Las cosas no son de un color u otro. Pueden tener muchos colores. Somos distintos. Nos encontramos en momentos diferentes. Nuestras necesidades también pueden serlo.

Si eres pequeño, puedes delegar. Todo depende del momento. Hay momentos buenos y malos. Momentos en los que puedes delegar y momentos en los que no.

Yo me quedo con los primeros momentos. Cuando estás empezando. Cuando empiezas, todo es nuevo. Todo es sorprendente.

Puedes delegar. Si tienes recursos hazlo. Es posible que te pierdas algo.

Creo que está bien empezar. Intentarlo. Saber cómo son las cosas. Si no te enfrentas a lo que gestionas, tendrás problemas. ¿Hay que dominarlo? No. Hay que saber qué haces.

Peléate. Experimenta. Prueba. Conoce. Después puedes delegar.

Al final, todo es una elección. Todas son buenas. La mía es conocer. Luego delegar.

Lección nº 28: Primero conoce, después delega.

Lección 29

No Mires Tanto El Retrovisor

La situación es la siguiente. Vas conduciendo por una carretera. Algunos coches te adelantan. Unos lo hacen con más corrección que otros. Miras por el retrovisor. Hay más coches. Tienes que decidir donde colocar tu atención. ¿En la carretera o en el retrovisor?

Si has hecho un Business Plan, es probable que hayas incluido un estudio detallado de tu competencia. Cuántos son. Qué dimensión tienen. Cómo hacen las cosas. Cuánto tiempo llevan en el mercado.

Es una forma tradicional de estudiar la competencia. ¿Tiene sentido? Seguro. Es una manera de poner en contexto tu negocio. El contexto es importante. Pero el contexto es eso, contexto.

La competencia

Hay competencia. Es un elemento más en el mercado. Hay otros muchos. Tienes que prestarle atención, pero no puedes obsesionarte.

Las compañías que tienen éxito están atentas a todo lo que pasa a su alrededor. No miran sólo a su competencia. Las que miran sólo a su competencia tienen problemas:

1.- No descubren nuevas oportunidades. Cuando miras demasiado a tu competencia, dejas de mirar hacia delante. Las oportunidades pasan por delante de ti. Si no las miras con atención es probable que no las reconozcas.

2.- Reducen su campo de actuación. El mundo de tu competencia se convierte en tu mundo. Los límites de tu competencia son los tuyos. Juegas el partido en el mismo campo que lo hace tu competencia.

3.- Sufren más competencia. Cuando todos estáis en el mismo sitio, todos peleáis por lo mismo. Es un mundo que, poco a poco, se va saturando y en el que la vida no es cómoda.

4.- Son cada vez más parecidas. Tu competencia se convierte en un modelo. Te mueves en función de sus movimientos. Piensas como piensan ellos. Decides ser igual. Dejas pasar la oportunidad de ser diferente.

La competencia te pone en contexto, pero también te condiciona. ¿Es importante? Es importante saber que existe. Es necesario no estar atado.

Todavía tienes que decidir. ¿Dónde pones tu atención? ¿En la carretera o en el retrovisor? Si la pones en la carretera, no controlarás el movimiento de todos los coches, pero te mantendrás dentro de la vía. Si la pones en el retrovisor, puedes terminar en cualquier sitio.

Lección nº 29: No pienses tanto en tu competencia y piensa más en tu negocio. Intenta definir tu futuro. No des a los demás la posibilidad de condicionar tu desarrollo.

Lección 30

La Verdad Sobre
Leonardo Da Vinci

Cuando te preguntan cuáles crees que son los factores básicos para conseguir el éxito en los negocios, ¿qué respondes?

Si eres como la mayoría, es muy probable que te vengan a la cabeza conceptos como confianza en uno mismo, perseverancia, resistencia al fracaso, capacidad de relación, deseo de conseguirlo,... En fin, la lista podría continuar, pero te haces una idea.

Todos estos pensamientos son interesantes. Sin duda, influyen directamente sobre las posibilidades reales de alcanzar el éxito en los negocios.

En cualquier caso, lo que es seguro es que pocos incluirían en esta lista la Velocidad de Desarrollo.

¿Qué es la Velocidad de Desarrollo? Dicho de una forma muy sencilla, sería el tiempo que pasa desde que piensas que debes hacer algo hasta que lo completas.

Leonardo Da Vinci

Leonardo es uno de los personajes históricos más conocidos. En su tiempo, llegó a diseñar helicópteros, submarinos, despertadores,... Sus contribuciones en los campos de la astronomía fueron espectaculares. Como pintor, ha dejado cuadros tan famosos como la "Monalisa", "La última cena",...

Lamentablemente, el genio de Da Vinci era inversamente proporcional a su determinación por terminar sus proyectos. Si hubiese sido capaz de publicar todos sus estudios, es posible que el mundo hubiese evolucionado más rápidamente.

Es famosa la historia de su cuadro "La Virgen de las Rocas". El contrato original estipulaba que el cuadro debería entregarse en 7 meses. Leonardo tardó 25 años en terminarlo.

Leonardo es el máximo exponente de lo que los ingleses llaman "Procrastination". Este término significa algo así como una mala "Velocidad de Desarrollo".

Se dice que, en su lecho de muerte, Leonardo Da Vinci pidió perdón a Dios y a los hombres por haber dejado tantas cosas sin terminar.

La naturaleza humana

La naturaleza humana es muy particular. Por lo general, tendemos a parecernos a Leonardo Da Vinci. Si podemos posponer algo, lo hacemos. Movemos las fechas y dilatamos las cosas en el tiempo.

Lamentablemente, cuando esto se produce se dejan muchas cosas por el camino. Cuando una idea se desplaza en el tiempo, se pierde mucha de la energía que tenemos en ese momento. Cuando nos separamos de nuestras ideas corremos el riesgo de olvidarlas.

Debes tener presente que para poder conseguir el éxito haciendo algo, lo primero que tienes que conseguir es hacerlo. Si antes no has actuado, no pasará nada. Ni bueno, ni malo. Nada.

Los resultados son consecuencias de las actuaciones. Primero actúas y luego evalúas tus resultados. Por lo tanto, olvídate de Da Vinci. No dejes las cosas sin terminar y lánzate. Siempre tendrás tiempo para mejorarlo por el camino.

Lo peor que te puede pasar es que algunos de tus clientes no queden tan satisfechos como te gustaría. De acuerdo, no es positivo. Pero es algo que compensarás con creces según te vayas rodando y vayas incorporando a todos los clientes que nunca habrías tenido si no hubieses actuado.

Lección nº 30: La velocidad de desarrollo, la capacidad de terminar los proyectos rápidamente, es uno de los rasgos más importantes de los negocios de éxito.

Lección 31

EL Secreto Está En
Las Vainas

En 1906, Vilfredo Pareto observó como el 20% de las vainas de su jardín contenían el 80% de los guisantes que producía.

A partir de ahí fue comprobando como esta regla del 80/20 se respetaba de forma similar en todas las áreas que investigaba: el 80% de la riqueza está en manos del 20% de la población, el 80% de los recursos de la sanidad se consumen por el 20% de las personas, el 80% de tus recuerdos proviene del 20% de tus experiencias,...

El principio de Pareto

Así nació el Principio de Pareto. Desde mi punto de vista, una de las leyes más importantes para la gestión de los negocios. Si aplicas el Principio de Pareto a tu compañía, puedes enunciarlo de la siguiente manera:

"El 20% de tus esfuerzos producirán el 80% de tus resultados".

¿De qué esfuerzos estoy hablando? Piensa por un momento. ¿Para qué has montado tu negocio? ¿Lo ves ahora?

Si eres una persona normal, habrás arrancado tu negocio para ganar dinero. ¿Y... por dónde entran esos ingresos en tu compañía? Entran de la mano de tus clientes.

La gestión de tus clientes es ese 20% de esfuerzo que tendrás que realizar para conseguir el 80% del resultado de tu negocio.

¿Dónde pones tu atención?

Todo esto suena muy intuitivo y nadie se atreve a discutirlo. En cualquier caso, yo te invito a que repases dónde has puesto el foco en la gestión de tu negocio en los últimos tiempos.

¿Lo has hecho? Es muy probable que hayas descubierto que has puesto tu atención en lo que te "ocupa" más que en lo que te "ayuda" a producir. Es normal. Todos lo hacemos. Quien diga lo contrario miente.

Las compañías crecen, aumentan su complejidad y poco a poco el día a día te va alejando de lo que realmente es importante.

No dejes que las urgencias te distraigan de lo que es realmente importante. Cada cierto tiempo, realiza un chequeo de tus actividades y confirma que estás centrándote en lo que realmente te aporta negocio: tus clientes.

Cuando tengas alguna duda, simplemente reflexiona sobre la razón de ser de tu negocio:

1.- ¿Cuál es mi objetivo?

2.- ¿Esta tarea me va a ayudar a conseguirlo?

3.- Sí, la completo. No, la abandono o le doy otro tipo de prioridad.

Cualquier otro tipo de pensamiento no funciona. No dejes que la complejidad del negocio te impida reconocer la importancia de las cosas. Y ya sabes, cuando tengas dudas, vuelve al inicio de todo: ¿Por qué monté este negocio?

Primero, los clientes, segundo, los clientes y después los clientes. Si tu compañía está al servicio de tus clientes, todas las actividades que tu compañía desarrolla deben estar al servicio de esos mismo clientes.

Dedica tus esfuerzos a ese 20% que te puede aportar el 80% de los guisantes.

Lección nº 31: Pon tu esfuerzo y atención en el 20% que te da el 80% de los resultados. Los clientes.

Lección 32

Los Números Cuentan Historias Interesantes

KPIs es un acrónimo inglés que significa "Key Performance Indicators" (Indicadores Clave de tu Negocio).

La primera vez que tuve que trabajar con ellos fue en una campaña de publicidad. Nos sentamos con nuestro cliente y definimos a priori cuáles iban a ser los indicadores clave de la campaña. Los que nos iban a decir si la campaña había dado los resultados esperados o no.

Los KPIs no se utilizan sólo en publicidad. Los KPIs se utilizan en todos los ámbitos.

¿Para qué sirven los KPIs?

Todos los negocios que quieren ser serios en su gestión trabajan con KPIs. Los definen con antelación y gestionan su día a día para alcanzar las referencias marcadas.

Los KPIs tienen dos funciones. Por una parte, sirven de objetivos. Primero, identificas los elementos que tienen mayor influencia en el desarrollo de tu negocio. Después, fijas el nivel que quieres alcanzar en cada uno.

También actúan a posteriori. Cuando todo ha terminado, te ayudan a evaluar. Muestran las diferencias entre el resultado final y el esperado. Te invitan a reflexionar sobre lo ocurrido.

La cantidad es importante

¿Cuántos KPIs necesitas? ¿Qué KPIs son suficientes para darte la información necesaria? Aquí tienes que andar con cuidado. La tendencia natural es la de llenar tu cuadro de mandos con tantos números como te sea posible. Cuantos más números mejor. Cuantos más números más seguridad.

Las cosas no funcionan así. Una buena gestión no pasa por rellenar tu sistema de información con números. ¿Son importantes? Seguramente. Pero en este caso, menos es más. En este caso, la claridad y facilidad de la información está por encima de la cantidad. Elige tan pocos como te sea posible. Cuesta hacerlo, pero merece la pena.

Busca la magia de la sencillez

Pensamos de otra manera. Pensamos que cuanto más elaborado sea un indicador más información de valor nos puede aportar. Nos gustan los indicadores complicados. Son más sofisticados y aportan más glamour a nuestra gestión. Pero glamour no es sinónimo de eficacia.

Las cosas sencillas son mágicas. Tienen la virtud de aportar mucho con poco. Todo lo sencillo va directo al corazón del asunto. No hay nada artificial. Sólo contenido. Contenido del bueno. Tus indicadores deben ser sencillos. Deben hablar de lo que importa. No necesitas nada más.

Tus KPIs son críticos

Crítico es crítico. Crítico es sólo aquello que afecta directa y definitivamente a tus ingresos. Crítico es lo que te hace ganar o perder dinero. Lo demás no es crítico.

Cada negocio es diferente. Cada negocio tiene sus propios elementos críticos. El tuyo también. Repasa tranquilamente el proceso de tu negocio. Analiza cada uno de los pasos que tienes que dar hasta que ingresas un euro. Marca en rojo por donde crees que se puede ir el dinero. Ésos son tus KPIs.

Diferenciar tiene sentido

Cuidado con las confusiones. Tus indicadores financieros son una cosa y tus KPIs son otra. Sí, también puedes llamar KPIs a tus indicadores financieros, pero el sentido es distinto.

Recuerda, tus KPIs son los elementos críticos que te hacen ganar o perder dinero. Tus indicadores financieros son siempre el resultado de tus operaciones. Tus indicadores financieros dependen del nivel de KPIs alcanzado.

Se puede gestionar un negocio sin KPIs, pero es complicado. No es probable que tengas buenos resultados. Los indicadores clave te ayudan. Te marcan el camino y te avisan de las desviaciones.

Pregúntate hasta qué punto quieres gestionar tu compañía a ciegas. Eso te dará una idea de la necesidad de fijar los KPIs de tu negocio.

Lección nº 32: Elige con cuidado los KPIs de tu negocio. Ponlos en un sitio donde los puedas ver bien. Analiza los resultados y corrige las desviaciones.

Lección 33

Cómo Tomar La Decisión Adecuada

Si llevas algún tiempo con tu proyecto, habrás podido comprobar que una de las cosas que van cambiando según va creciendo tu negocio es el nivel de tus decisiones. Poco a poco, las decisiones van incorporando un nivel mayor de responsabilidad.

La agilidad cuenta

Seguramente, una de las grandes diferencias que hay entre los emprendedores que gestionan correctamente su negocio y los que tienen algún problema más es que los primeros toman decisiones de una manera más ágil.

¿Qué quiere decir esto? Quiere decir que los primeros entienden que suficiente es suficiente. Suficiente es suficiente significa que hay un momento a partir del cuál ya no te compensa analizar, estudiar más la situación.

Ya tienes los elementos suficientes para tomar la decisión. Corta en ese momento. Toma la decisión. Impleméntala y comprueba los resultados.

Lo excelente no tiene porqué ser lo mejor

El segundo punto que debes tener muy presente es que lo excelente, en algunas ocasiones, puede ser enemigo de lo bueno.

No te obsesiones con buscar la mejor solución. A lo mejor, simplemente, no existe. Busca y encuentra la solución que es adecuada para solventar el problema o conflicto que tienes que solucionar. Recuérdalo, en algunas ocasiones, lo excelente puede ser enemigo de lo bueno.

Piensa en las experiencias

Es importante, y esto te lo lanzo en tercer lugar, que según vas avanzando vayas recogiendo todas las experiencias a las que te tienes que enfrentar.

Esas experiencias te van a ayudar a tomar mejores decisiones en el futuro. Las experiencias son una magnífica base para hacerlo. Si te has tenido que enfrentar a algo parecido antes, seguro que has sacado grandes conclusiones que puedes utilizar posteriormente.

No son iguales

Para finalizar esta fórmula o este proceso para tomar decisiones, te diría que no todas las decisiones son iguales. No todas las decisiones tienen el mismo nivel de relevancia.

¿Entonces...? Esto es tan simple como que discrimines y entiendas cuáles son las decisiones importantes y cuáles no lo son. Dedica el esfuerzo que requieren las decisiones importantes y liquida rápidamente aquéllas que lo son menos.

Lección nº 33: Para tomar decisiones adecuadas debes tener un método adecuado para tomar decisiones.

Lección 34

¿Cuánto Tiempo Necesitas?

Thin-Slicing es una expresión inglesa que significa corte delgado. Es un término utilizado en psicología para describir la habilidad de emitir juicios con muy poca información.

Aunque ha sido Malcolm Gladwell y su libro "Blink" los que han popularizado el término, los padres de la criatura son Nalini Ambady y Robert Rosenthal.

Éstos han conseguido demostrar que, con una cantidad de observación mínima, se pueden tomar decisiones correctas en un nivel superior a la mera casualidad.

El marco temporal

Uno de sus experimentos más famosos consistía en estudiar cuánto tiempo necesita un estudiante para evaluar la eficacia de un profesor. Nalini Ambady utilizó cuatro muestras distintas con diferentes marcos temporales para sacar sus conclusiones:

1.- Marco temporal de 10 segundos: al primer grupo le entregó tres cintas sin audio de tres profesores a los que no conocían para que diesen su opinión.

2.- Marco temporal de 5 segundos: al segundo grupo le entregó una versión de 5 segundos de las cintas anteriores (no conocían a los profesores).

3.- Marco temporal de 2 segundos: al tercer grupo le entregó una versión de 2 segundos de las mismas cintas (no conocían a los profesores).

4.- Marco temporal de un semestre de clases: el cuarto grupo estaba formado por los alumnos reales de los profesores y evaluaron el nivel de los mismos después de haber recibido un semestre de clases.

Los resultados del experimento en los cuatro grupos fueron sorprendentes. Independientemente del marco temporal en el que se evaluó la eficacia de los profesores, las calificaciones eran consistentes en todos ellos. Las reflexiones de los alumnos ante una cinta de dos segundos o un semestre completo coincidían.

Las primeras impresiones

De alguna forma, se demuestra que las primeras impresiones pueden estar basadas en poca información pero, quizá, suficiente para que puedas emitir tus juicios con probabilidades de éxito.

Seguramente, no podemos decir que todos los juicios o decisiones adoptadas de esta manera sean las mejores. Sin embargo, estas experiencias nos demuestran que no existe una correlación directa entre el tiempo dedicado y la calidad de la decisión tomada.

El exceso de racionalidad puede ser un problema. En ocasiones, tiene sentido enfrentarse a las situaciones y dejarse llevar por las primeras impresiones. No es una manera menos válida de emitir juicios. Simplemente, es diferente.

Lección nº 34: Haz caso a las primeras impresiones. Pueden ser tan buenas como otros tipos de análisis y te ahorrarán mucho tiempo.

Lección 35

Un Número Extraño

He trabajado en varias compañías. Compañías distintas con entornos distintos. Por lo general, resulta más agradable trabajar en aquéllas que tienen mejor ambiente. Te sientes más cómodo. Tienes la sensación de que las cosas avanzan más rápidamente.

No siempre es así. No todos piensan igual. "Un ambiente positivo está bien. Nada más. No hay que darle más importancia. Si se consigue, perfecto. Si no es así, no pasa nada".

Esta forma de pensar es un error. Un buen ambiente suma. No es algo simplemente agradable. Es una exigencia. ¿Por qué? Un buen ambiente mejora tus resultados.

La Línea de Losada

El número 2,9013 es un número extraño. Además, es un número importante. El psicólogo Marcial Losada demostró que es el número de interacciones positivas que necesitas en un grupo para compensar una negativa. Ese número se conoce como la "Línea de Losada"

Es decir, por cada comentario, reacción, palabra,... negativa que se produce en un grupo, necesitas 3 positivas para que no afecte negativamente.

De esta forma, los grupos o compañías que tienen un número superior a 3 son compañías positivas, felices. Las que se quedan por debajo del 3 son compañías negativas, tristes.

Está bien tener un número mayor que 3. Está bien ser un grupo positivo. Las compañías positivas son más productivas, son más rentables y tienen mejores resultados. Es agradable trabajar en ellas y ganan más dinero. Es una gran combinación.

Las compañías felices son más productivas

Losada demostró cómo se podían mejorar los resultados de una empresa mejorando el número de interacciones positivas. Cuando los managers conseguían mejorar el ambiente, mejorando la relación entre los miembros, el "número" del grupo aumentaba y los resultados se disparaban. Cuando los managers no controlaban el entorno y la relación no era positiva, el "número" caía y los resultados se desplomaban. ¿Cuál es la razón de todo esto?

1.- Aumenta la confianza. Cuando el entorno es amigable, la confianza se dispara. Aumenta la capacidad de delegar, de apoyarse en los demás. Se supervisa menos y se desarrolla más. Se utiliza mejor el tiempo. El flujo de trabajo es más fluido.

2.- Desaparece el miedo. Los integrantes del grupo participan más. Aumentan su capacidad crítica. Generan más ideas. Filtran mejor. Las soluciones que generan son mejores.

3.- Aparece el sentido de grupo. Funcionan y actúan como un grupo verdadero. Su comportamiento es de grupo y sus objetivos son de grupo. El resultado individual sólo tiene sentido dentro del resultados del grupo. Mejoran los resultados finales.

Ser más positivo es igual a obtener mejores resultados. No es sólo apetecible. Es necesario. Puedes atender u obviar esta realidad. Puedes poner en marcha o dejar de lado estos comentarios. Tus resultados no lo harán.

Lección nº 35: Las compañías felices son más productivas y ganan más dinero.

Lección 36

Los Presidentes También
Se Confunden

En 2009, Barack Obama prometió que solucionaría la crisis económica en 3 años. A partir de ese momento, la tasa de desempleo estuvo por encima del 8% durante más de 30 meses consecutivos. Se perdieron 2 millones de puestos de trabajo. Los americanos en paro alcanzaron los 13 millones y más de 43 millones de estadounidenses recibieron ayuda para alimentos.

La incapacidad de Obama para cumplir la promesa realizada, provocó la frustración entre sus votantes y colocó a su administración en una situación delicada.

La imposibilidad de cumplir sus promesas desencadenó una caída en picado en su índice de popularidad y comprometió la carrera de uno de los presidentes más populares de la historia de Estados Unidos.

Overpromise y Overdelivery

Overpromise es una palabra inglesa que tiene muchísimo peligro. Significa algo así como prometer más de lo que puedes entregar. Éste es un error en el que caemos con más frecuencia de lo que nos gustaría.

Te diría que te olvides de esta estrategia. Lo resultados no son buenos. Provoca frustración en tu cliente y aumenta las probabilidades de que se marche corriendo con tu competencia.

Hay una palabra que me gusta mucho más. Overdelivery. ¿Qué significa? Overdelivery significa entregar más de lo prometido.

Si gestionas correctamente..., si eres listo en la relación con tu cliente, tienes que fijar objetivos atractivos, objetivos ambiciosos, pero de alguna manera debes guardarte un poco de gasolina, una bala en la recámara, para que, cuando llegue el momento, puedas entregar por encima de lo que le habías ofrecido, por encima de lo planteado.

Puedes imaginar que la reacción de tu cliente será muy distinta. Quedará sorprendido. Quedará gratamente sorprendido y, seguramente, habrás ganado o estarás ganándote un cliente para toda la vida

Lección nº 36: Entrega siempre más de lo que has prometido.

Lección 37

¿Qué Pasa Cuando Cuentas Balones?

Lo emprendedores cometen errores. Todos los cometemos. Quizá, uno de los más recurrentes es su miopía. Incapacidad para ver más allá de lo que buscan. Puede estar bien. Centrarte en lo que crees y perseguirlo es una buena recomendación.

En otras ocasiones puede ser peligroso. Puedes perderte la gran fotografía. A lo mejor, también te pierdes otros detalles.

Es un error natural. Te fías de ti, de tus sentidos. No te pueden fallar. Pones todo tu esfuerzo en lo que haces, en comprender qué es lo que ocurre. Luego tomas decisiones en función de tu análisis.

¿Qué ocurre? A veces fallas. Tus sentidos te traicionan y el resultado no es bueno. Sí, tus sentido no son perfectos, tu percepción tampoco lo es. Ocurre de vez en cuando y cuando ocurre te confundes.

El Ejercicio

Si crees que no es así, teclea "awareness test" en YouTube y échale un vistazo a cualquiera de los vídeos donde dos grupos de jugadores botan y se pasan un balón.

El tema es sencillo. Sólo tienes que contar el número de pases que dan uno de los equipos.

¡Ah! Ten cuidado. Concéntrate desde el inicio. Observa sus movimientos, no pierdas de vista la pelota y ve contando los pases. ¿El reto? Contarlos bien. Adelante.

Increíble, ¿no? ¿Cómo ha podido pasar? ¿Cómo no lo has visto? ¿Cómo no has visto al gorila? Un gorila que ha entrado tranquilamente por uno de los lados del plano. Ha recorrido toda la pantalla durante unos segundos y se ha marchado con la misma tranquilidad por el otro costado.

La Psicología

Es muy probable que hayas acertado el número de pases que da el equipo que estabas controlando. Quizá no. En definitiva, has encontrado o has estado cerca de encontrar lo que buscabas. ¿La contra? No has visto lo evidente. Lo que todos ven.

Estos vídeos son un remake de un experimento que realizaron hace algunos años Daniel Simons y Christopher Chabris. En el original, la presencia del gorila era aún más evidente. ¿El resultado? El mismo. Cerca de un 50% de todos los que vieron el vídeo no se percataron del gorila. Un gorila delante de tus narices y no lo puedes ver.

Este experimento demuestra lo que los psicólogos llaman "ceguera por falta de atención". ¿Por qué falla todo el mundo? Porque estás tan centrado en contar los pases que tus filtros de atención, simplemente, eliminan al gorila. Fuera. No existe.

El Aprendizaje

Podemos aprender mucho. La conclusión no es mala. Sólo nos obliga a incorporar algún elemento más al modelo.

Primero. Eres emprendedor. Tienes una idea. Estás volcado. Crees en lo que haces. Adelante. No dejes que los gorilas te bloqueen. Tienes una misión y debes cumplirla, pero...

Segundo. Levanta la cabeza de vez en cuando. Mira lo que pasa a tu alrededor. Piensa que, en ocasiones, las cosas no son como tú las ves. Pueden ser de otra manera. Pueden ser totalmente diferentes. Si hay un gorila, tienes que verlo.

Como conclusión, debes pensar que, si buscas única y exclusivamente algo en concreto (el n$^\circ$ de pases), lo puedes encontrar, pero es muy probable que lo importante, lo evidente, lo que de verdad importa, se te pase.

Lección n$^\circ$ 37: Cuando te obsesionas en buscar algo, lo encuentras. Pero es posible que no veas lo que realmente importa.

Lección 38

Llegó La Hora

Cuando pasas una fecha de entrega de un proyecto a un cliente, lo primero que le estás diciendo es que tienes un profundo respeto por su tiempo. No quieres que malgaste su tiempo. No quieres que lo pierda. Eso el cliente lo valora. Lo aprecia.

También le estás comunicando que vas a asumir un compromiso. Le has adelantado un plan. Le has pasado una información y le estás diciendo abiertamente que te vas a ceñir a lo que le has pasado. Ése es un compromiso importante. Es un compromiso potente.

Y como último punto y, quizá, el más importante. Cuando pasas una fecha y la respetas le estás diciendo clarísimamente que se puede confiar en ti. Y ése quizá es el principio más importante de cualquier negocio.

Las fechas son fundamentales y deben ser una de tus primeras prioridades en la gestión de la relación con tus clientes. Para manejarlas correctamente, puedes hacer una serie de cosas muy sencillas que te pueden ayudar:

Lo primero que debes tener presente es que no puede salir un proyecto sin una fecha de entrega asociada. Proyecto y fecha de entrega. Siempre.

En segundo lugar, es importante que la fecha que reflejes sea una fecha sensata. No intentes hacer locuras. No reflejes fechas que luego te va a costar cumplir. Entiende cuál puede ser la fecha en la que vas a poder entregar tu trabajo y preséntasela a tu cliente.

En tercer lugar, las fechas están ahí para comunicarlas. Las fechas no son un secreto. Las has definido, las has reflejado en tu proyecto y se las transmites de una manera totalmente transparente a tu cliente.

Finalmente, las fechas hay que respetarlas. Siempre hay que respetarlas. En la medida en la que respetes las fechas te ganaras la confianza de tus clientes. Si no lo haces, tendrás problemas.

Bueno... si eres capaz de gestionar las fechas como te he comentado, seguramente marcarás la diferencia. Marcarás una diferencia importante con tu competencia y eso te permitirá tener una gestión de clientes más tranquila.

Lección nº 38: Las fechas están para fijarlas, comunicarlas y cumplirlas.

Lección 39

Derrapar En Las Curvas Puede Ser Positivo

Creo que fue Juan Manuel Fangio el que dijo que para ser campeón del mundo hay que derrapar en las curvas. Algo sabría de esto. Ganó cinco veces el campeonato de Fórmula 1.

Seguro que para ser campeón del mundo o de cualquier otra cosa hay que derrapar en las curvas. No se puede ser campeón de nada si no vas al límite.

Tensión

Necesitas tensión para conseguir cosas. Es un estado particular. Es un estado físico y mental. Un estado de alerta en el que siempre estás preparado para dar el máximo.

Cuando tienes la tensión adecuada, reaccionas. Eres rápido. Siempre estás ahí.

La tensión actúa de dentro a fuera. Es como un muelle. Lo único que tienes que hacer es liberarlo y actúa. Así es la tensión. Así responden las personas que tienen la tensión adecuada.

Tener el punto de tensión correcto es positivo. Te permite derrapar en las curvas sin salirte de la carretera.

Presión

La dinámica es distinta. La presión funciona de fuera a dentro. Da lo mismo que sea propia o ajena. Que la ejerzas tú sobre ti o que la ejerzan los demás. Siempre tiene un sentido de carga. Un sentido de aplastamiento.

Muchos confunden los términos pero no tienen nada que ver. Muchos utilizan la presión para conseguir los efectos de la tensión. Presionan a otros para conseguir resultados. Se presionan a sí mismos para conseguir resultados. No funciona.

No puede funcionar porque son dos palabras distintas. No puede funcionar porque son fuerzas que actúan en sentido contrario.

Lección nº 39: No confundas tensión y presión. La tensión mejora tu capacidad de reacción. La presión puede empeorar tus resultados.

Lección 40

El Yin Y El Yang

"El Diseño es un plan para juntar elementos de tal forma que consigan un objetivo específico" (Charles Earnes)

Has desarrollado un producto fantástico. Su funcionalidad es perfecta. Cubre las necesidades de tus clientes. El trabajo está terminado.

Así es como piensan muchas personas. ¿Esta resuelto el problema? ¿Sí? Entonces el trabajo está hecho.

Pensar así es dejar de lado el 50% de las cosas. Nuestro mundo está lleno de parejas: noche y día, bien y mal, amigos y enemigos, dentro y fuera, blanco y negro,...

El universo es dual. Todo tiene dos lados. Dos fuerzas que se complementan y están presentes siempre. El Yin y el Yang.

El Yang de tu producto

Tu negocio no es diferente. Tus productos tampoco lo son. Cuando hablas de la funcionalidad de tus productos, estás hablando sólo de una de las fuerzas. Te falta el 50% restante.

Tus productos, tu negocio, tu relación con los clientes, tu comunicación, tu... tienen contenido y forma. El contenido es el mensaje, la funcionalidad,... La forma es el diseño, imagen,...

Forma y contenido no son dos elementos independientes. Se necesitan. Se complementan.

Piensa en Starbucks Coffee. ¿Es fantástico? Lo es. ¿Por qué? ¿Por la calidad de su café? Sí y no. Por supuesto que la calidad de su café es excepcional. Seguro que es una parte importante de su éxito. Pero su diseño es fantástico: logos, colores, ambientación,... El café es una funcionalidad importante. El café más el diseño es un resultado espectacular.

Los beneficios del diseño

Si quieres que tu negocio y tus productos sean excepcionales, presta atención al diseño. Las compañías excelentes lo hacen. Tú también puedes hacerlo. El diseño...:

1.- Completa. Tus productos no están acabados hasta que no incorporas el diseño adecuado. No vale cualquier cosa. Un mal diseño no es inofensivo. Un mal diseño resta.

2.- Mejora. Piensa en tu producto como un todo e incorpora el diseño que mejora las funcionalidades (o la percepción de ellas). Las cosas no son lo que son. Las cosas son lo que parecen. El diseño es el responsable de la imagen. Es el responsable de lo que las cosas parecen.

3.- Diferencia. ¿Te suena Apple? Ha tenido momentos buenos y malos, pero siempre se le ha reconocido por su capacidad para innovar y por sus diseños revolucionarios. Apple no sería Apple si no se hubiese diferenciado a través del diseño.

Tu negocio no será el que puede ser si no trabajas el diseño. Forma y contenido. Funcionalidad y diseño. Los dos elementos forman parte de un todo. Los dos elementos son uno.

Lección nº 40: Si tu producto no tiene un gran diseño, te falta el 50% del producto.

Lección 41

Lo Bueno, Si Breve...

Necesitas un plan. Siempre necesitas un plan. Si quieres llegar a alguna parte, tendrás que saber cómo vas a hacerlo. Si no lo sabes, tu futuro depende de la casualidad.

La pregunta no es sí necesitas un plan. La pregunta es qué plan necesitas. A partir de aquí, empezamos a hacernos líos. Lees un montón de literatura de negocios. Identificas un modelo que te gusta y empiezas a rellenar hojas.

Lo que no es un Plan de Negocio

Un Plan de Negocio no es un montón de hojas llenas con palabras más o menos complicadas. Un Plan de Negocio no vale lo que pesa su contenido. Un Plan de Negocio no es un documento que terminas, archivas y olvidas.

Los Planes de Negocio se hacen para utilizarlos. ¿Qué sentido tiene dedicar un montón de horas a redactar algo que vas a olvidar al día siguiente?

Olvídate de modelos de libro y cosas por el estilo y piensa únicamente en lo que realmente necesitas para gestionar tu negocio.

¿Qué preguntas debo contestar?

¿Tienes dudas? ¿No sabes por dónde empezar? Lo único que tiene que hacer tu plan de negocio es contestar a las siguientes preguntas:

1.- ¿Qué? Qué haces. Sí, a qué te dedicas. Contéstalo de forma sencilla. Debes explicar qué problema solucionas. Todo el mundo debe ser capaz de entenderlo. Si no puedes hacerlo en unas cuantas líneas, hay algo en tu modelo de negocio que no funciona.

2.- ¿Quién? A quién solucionas el problema. Es tu mercado. Todos aquéllos que tienen una necesidad o problema similar. Todos aquéllos a los que vas a ayudar.

3.- ¿Cómo? Cómo lo vas a hacer. Cuál es tu solución. Qué producto o servicio ofreces a tu mercado. Cómo este producto o servicio soluciona el problema.

4.- ¿Cuándo? Cuando se puede acceder a tu solución. ¿Según demanda? ¿Disponible 24/7? ¿Dependiendo del momento? ¿...?

5.- ¿Dónde? Dónde se puede encontrar. A través de qué canales haces llegar tu solución a tu mercado. ¿Está disponible para todo el mundo o no?

6.- ¿Por qué? Porqué lo haces. Qué persigues con tus acciones. Cuál es tu fin último. ¿Estás lo suficientemente involucrado como para comprometerte con tu proyecto?

No parece muy complicado. De hecho, cuando quitamos la paja, las cosas son sencillas. Contesta a estas preguntas y habrás dado el primer paso.

Una página

Ahora te propongo que sigas avanzando en esta nueva manera de redactar un Plan de Negocio. Da el segundo paso.

Contesta a todas estas preguntas en una única página. Seguro que puedes rellenar muchas más, pero el objetivo es concretar tanto como te sea posible. Elimina todo lo que no sea esencial y contesta al corazón de cada una de estas preguntas.

Requiere un poco de esfuerzo, pero se puede conseguir. ¡Ya está! Ya tienes tu Plan de Negocio de una página.

Lo sorprendente de este ejercicio es que, en la mayoría de las ocasiones, este Plan de una página será tan operativo o más que cualquier otra versión mucho más larga.

Acostúmbrate a trabajar de esta manera. Ahorrarás tiempo y construirás herramientas prácticas que te ayudarán a desarrollar tu negocio.

Lección nº 41: La funcionalidad de un Plan de Negocio de una pequeña compañía es inversamente proporcional al tamaño del mismo.

Lección 42

A La Casilla De Salida

Si tu negocio no crece, algo no funciona. No es un gran descubrimiento, pero todo empieza ahí. Algo no funciona y hay que entender porqué.

Todo empieza con una idea. Una idea que te apasiona y que te motiva. Detrás todo el esfuerzo. Horas y horas de trabajo. De desarrollo. De...

Cuesta arrancar pero...

Hasta que llegas a un cierto nivel. Lo más difícil ha pasado. Tu negocio está en funcionamiento y las cosas avanzan aparentemente.

Ya tienes tus primeros clientes. Un número de transacciones razonable y unos ingresos que empiezan a ser interesantes. Es un buen momento.

Todo va bien hasta que te das cuenta de que no ha ido mejor. Todo va bien igual que el mes anterior y el otro y el otro y...

Lo cierto es que has llegado a un punto y no consigues ir más allá. Te has estancado. No es una sensación agradable.

Siempre hay un momento en el que todo se desacelera

Saltan algunas alarmas y empiezas a hacer cosas. Al fin y al cabo el management consiste en eso. En hacer cosas.

Haces muchas cosas. Intentas captar clientes. Muchos clientes. Cuantos más mejor. Creas productos para ellos. Aumentas tu cartera. Utilizas nuevos canales de distribución. Lanzas nuevos mensajes. Intentas estar muy activo...

Después de un tiempo, te das cuenta de que estás en el mismo sitio. Has hecho muchas cosas pero sigues sin avanzar.

Ahora se combinan dos efectos. No avanzas y te falta claridad. Has intentado muchas cosas. No te han aportado grandes resultados y te han dejado una situación más confusa.

Es un buen momento para recuperar la claridad que has perdido.

Recupera la claridad de tu proyecto

Cuando las cosas se han complicado y tu negocio está fuera de control, es una buena idea volver al origen. Al porqué de todo. Es el mejor lugar para encontrar respuestas.

Muchos negocios pierden claridad en un momento determinado. Es una especie de etapa en el desarrollo o algo así. De repente, las cosas se complican, haces muchas cosas y terminas con un negocio que tiene poco que ver con el que arrancaste.

La recomendación es no seguir. No tiene mucho sentido andar cuando no sabes donde te diriges.

Párate y piensa

Piensa qué elementos de los que has ido incorporando no pertenecen a tu negocio. Son ellos los que no te dejan avanzar. Con ellos no hay posibilidad de seguir adelante. Al menos, de seguir en condiciones.

¿Tienes nuevos clientes que caen fuera de lo que definiste como tu mercado ideal? ¿Sí? Elimínalos. No trabajes con ellos.

Todos los clientes no te van a llevar donde quieres llegar. Por muchas razones. Porque no estás preparados para servirles. Porque no disfrutarás haciéndolo. Porque no encontrarán lo que buscan. Porque....

¿Has incorporado más productos a tu cartera? Tienes que analizarlo. Tienes que entender si suman o restan.

¿Están dentro de la relación que has definido con tu mercado ideal? Perfecto. Adelante. ¿Los has introducido para cubrir alguna demanda pasajera? Fuera. Elimínalos. No son tus productos.

¿Cuántas estrategias nuevas has probado? ¿Vas de estrategia en estrategia intentando encontrar la solución a todos tus problemas? Ése no es el camino.

Quédate con las estrategias que funcionan. Prueba nuevas estrategias pero no dispares en todas direcciones. Éste es un juego de selección. No funciona si dispersas sin control.

Por lo general, cuando las cosas no funcionan, has perdido claridad. La claridad de tu proyecto. De tu idea.

Sin claridad es difícil avanzar. Las cosas se confunden y el camino que habías definido para tu negocio se vuelve más complicado.

Merece la pena volver sobre tus pasos y organizar tus ideas. Merece la pena recuperar la claridad.

Lección nº 41: Cuando no ves las cosas claras, párate y piensa si todos lo que estás haciendo es coherente con lo que querías hacer. ¿Sí? Adelante. ¿No? Elimina lo que no lo sea.

CAPÍTULO 4

Ésa Es Una Gran Idea

"La lógica te conducirá de A a B.
La Imaginación te llevará a cualquier sitio".

-Albert Einstein

Lección 43

Huracanes Y Precios

Si no has tenido la oportunidad de trabajar en mercados financieros o no has tenido relación con compañías anglosajonas, es probable que no sepas lo que significa la palabra "Commodity".

"Commodity" se define como un bien que no tiene una diferencia cualitativa. El mercado trata los commodities como productos iguales, independientemente de quién los produzca. Ejemplos de commodities son el petróleo y el cobre."

Da lo mismo

La principal característica del mercado de commodities es que el papel del proveedor es irrelevante. Da lo mismo quién lo produzca. Como el producto es el mismo, lo importante no es quién lo produce sino cuánto se produce.

El precio es inversamente proporcional al volumen

El dato más importante de un commodity es su producción. Cuanto más hay menos vale y viceversa. Cuando la cosecha de maíz es fantástica, el precio del commodity se hunde por el exceso de producto en el mercado. Cuando se aproxima un huracán que amenaza plataformas petrolíferas a su paso, el precio del crudo aumenta drásticamente, descontando una posible caída en la producción en un futuro cercano.

¿La calidad? Mientras que el producto se encuentre dentro de los parámetros fijados, se entiende que la calidad es la misma para toda la oferta.

Tipos de commodities

Hay dos grandes tipos. Los que se negocian en los mercados de futuros (petróleo, cobre, maíz, soja, trigo,...) y el resto.

Los últimos hacen referencia a todos los negocios que son iguales. Negocios que sólo interesan en la medida en que incrementan la oferta en el mercado.

Puedes ser un commodity o no. Es tu elección. Depende de lo que quieras para tu negocio. Los productos commodities no son buenos ni malos. Son complicados.

Cuando estás en este tipo de mercado, la variable importante son los costes. Si tienes los costes más bajos del mercado, es una gran estrategia. Por lo general, está reservada a compañías grandes capaces de generar ahorros increíbles.

Cuando no tienes el tamaño suficiente o estás empezando, la estrategia debe ser diferente. Cuando eres pequeño tienes que escapar de la comoditización. No pelees con los grandes que tienen más recursos, más tamaño y menos costes. No tienes ninguna posibilidad.

No quiero ser un commodity. Tú tampoco deberías serlo. Mira a tu alrededor. Observa a tu competencia. Estudia lo que hacen. Cómo se mueven. Cuando lo tengas claro, aléjate de ellos tanto como puedas. Cuanto más lejos estés de todo, mayor control tendrás sobre tu destino.

Lección nº 43: Sé diferente, innova, aléjate de los demás. Ésa es la mejor fórmula para controlar el futuro de tu negocio.

Lección 44

La Increíble Historia de Una Piedra

La historia del éxito en los Negocios la escriben aquéllos que tienen la imaginación para generar ideas originales y el valor de llevarlas a cabo. La imaginación es un plus que marca diferencias.

Por supuesto que no estás obligado a tener ideas nuevas constantemente. Puedes tener una vida llena de éxitos gestionando correctamente ideas antiguas. Pero los que tienen más imaginación van dos cuerpos por delante del resto.

Las ideas nuevas y llenas de imaginación, cuando logran implementarse, suelen conseguir doblar o triplicar los resultados de cualquier otra idea.

Afortunadamente, no hace falta ser el *Julio Verne* de la situación o tener un bolsillo muy grande para desarrollar ideas llenas de imaginación. Basta con que estés constantemente conectado en modo imaginativo, pienses de una forma distinta y seas lo suficientemente valiente como para llevar adelante el resultado de tus reflexiones.

Un ejemplo divertido

Deja que te cuente el caso de una pequeña historia de éxito en la que la imaginación jugó un papel fundamental. Una pequeña historia de éxito que convirtió en millonario a su promotor.

En 1975, durante una reunión de amigos en un bar, surgió una de las ideas más absurdamente exitosas que han visto la luz.

Gary Dahl y sus amigos estaban discutiendo sobre lo incómodo que resultaba tener que cuidar a una mascota (alimentación, limpieza, etc.) cuando Gary tuvo la feliz idea de comentar que la mascota ideal sería una piedra.

A partir de ahí, todos empezaron a dar argumentos para justificar porqué una piedra es mucho mejor opción que un perro, gato, etc.

Cuando Gary llegó a su casa, se puso manos a la obra y escribió un manual para el cuidado de las piedras. las instrucciones estaban llenas de gags y situaciones simpáticas donde trataba a las piedras como auténticas mascotas animadas. Acababa de nacer "Pet Rock" (laPiedra Mascota).

Gary contrató a un diseñador gráfico para que crease el envase de la mascota, produjo las cajas, se hizo con un buen montón de piedras y empezó a venderlas por Estados Unidos.

El invento alcanzó rápidamente una gran repercusión en los medios y, antes de que Dahl se pudiese dar cuenta, ya estaba enviando miles y miles de piedras a todos los rincones del país.

Finalmente, llegaron las navidades de 1975 y la combinación explosiva de las piedras, un precio de 3,95 $ y la temporada de ventas terminaron por convertir a Pet Rock en un éxito absoluto y a Gary Dahl en un millonario instantáneo.

Como puedes comprobar, la fuerza de la imaginación es imparable y una buena idea, por absurda que parezca, puede convertir tu negocio en un éxito de la noche a la mañana. Además, si es una idea tan potente como "Pet Rock" es probable que influya, incluso, sobre negocio futuros (¿Ves alguna similitud entre "Pet Rock" y el "Tamagotchi"?).

La idea de la Piedra Mascota es una de las más conocidas porque fue una de las primeras de su estilo, pero si repasas la historia, encontrarás un montón de ideas similares en originalidad e imaginación que han obtenido resultados fantásticos.

Quizá, la próxima sea la tuya. Todo lo que tienes que hacer es atreverte a ser diferente.

Lección nº 44: Atrévete a ser diferente. Es la mitad del juego.

Lección 45

El Hábito De Innovar

¿Te suena de algo la palabra innovación? A menos que hayas vivido en Marte en los últimos tiempos, es muy probable que estés hasta las narices de oír la palabra innovación a todas horas. ¿Eres innovador? Piénsatelo dos veces antes de contestar. Si no eres innovador, corres el riesgo de no ser nadie.

Innovar es una palabra grande

La Real Academia de la lengua española dice que innovar es mudar o alterar algo. Otros definen la innovación como renovarse o cambiar. No sé... cualquiera puede ser correcta. Quédate con la que más te guste.

A mi me gusta la reflexión que hace Simon Sinek en su libro "Empieza con el Porqué" (Start With Why). Synek diferencia entre novedad e innovación. Para él, novedad es introducir un nuevo elemento o característica en un producto (ponerle cámara a un teléfono móvil). La innovación es otra cosa. La innovación altera el curso de un sector o, incluso, de la sociedad (el fax, la bombilla, el microondas,...).

Me valen las dos, novedad e innovación. Al final, sea cuál sea la definición, todos estamos de acuerdo en que está en la base del éxito de los negocios. Hasta aquí, perfecto... pero ¿todas las compañías pueden innovar? ¿innovan igual grandes y pequeños?

Creo que sí. Que tanto grandes como pequeños tienen la capacidad para innovar. Seguro que el tipo de innovación será distinto (los presupuestos marcan la diferencia). Pero unos y otros pueden innovar.

No te obsesiones con grandes revoluciones. Busca objetivos más alcanzables. Los resultados irán llegando y, poco a poco, podrás plantearte metas más ambiciosas.

Algunos pasos interesantes

Puedes empezar a innovar siguiendo los siguientes pasos:

1.- Ponte en modo innovación. ¿De qué va? Básicamente, de tener en la cabeza de forma permanente la idea de que todo se puede cambiar y mejorar. Es una forma de actitud que no admite el conformismo. Si estás en este modo, las oportunidades de mejora irán apareciendo solas.

2.- Introduce algo nuevo cada semana. Las cosas funcionan con objetivos. Si no quieres fijarlos, fantástico, pero es muy probable que no consigas nada. Además, tienen que estar por escrito (yes, my friend). Lo que está escrito obliga. Algo nuevo cada semana no intimida. Puedes conseguirlo sin un gran esfuerzo y los resultados serán espectaculares.

3.- Elige el área de innovación. Aquí, lo que funciona es elegir un área distinta cada semana. Hazte una pequeña planificación y céntrate en cosas diferentes.

4.- Decide qué cosa concreta quieres mejorar. Dónde vas a introducir la innovación. No te vuelvas loco. No tienes que inventar. Tienes que cambiar y mejorar. Una nueva firma de email corporativo. Un nuevo argumentario de venta. Una nueva política de reuniones internas. Un...

Ahora, realiza un pequeño cálculo. ¿Cuántas pequeñas innovaciones has introducido? ¿Cuántas mejoras al año suman una mejora semanal? Eccolo qua... sencillo, ¿no? 52 pequeñas mejoras al año. ¿Sabes qué suponen 52 mejoras al año? Un montón de mejora total. Créeme, este sencillo método puede mandar tus resultados a la luna.

Recuerda, no es necesario pensar en grandes ideas para innovar. Se puede innovar con cosas pequeñas que te ayudarán a conseguir grandes resultados.

Lección nº 45: La innovación es una actitud que puedes reflejar en todas las cosas.

Lección 46

Soy Tan Creativo Como
Un Pez

Ésa ya no es una excusa. Si quieres seguir haciendo lo que has hecho siempre, adelante. Si quieres que tu negocio no deje de ser el negocio aburrido de siempre, adelante. Pero no te justifiques diciendo que no intentas nada nuevo porque no eres creativo.

Todos podemos ser creativos. Unos más y otros menos. Pero todos podemos serlo.

La biología de la creatividad

Si empezamos por la explicación biológica, el argumento es sencillo. Nuestro cerebro está compuesto por dos hemisferios: el izquierdo y el derecho.

El izquierdo es el hemisferio racional. Este hemisferio funciona secuencialmente, tiene capacidad de análisis y maneja las palabras. Es el hemisferio lógico.

Por otra parte, el hemisferio derecho razona de forma conjunta, reconoce patrones e interpreta expresiones no verbales. Es el hemisferio que trabaja con las emociones y con la creatividad.

Estos dos hemisferios trabajan conjuntamente a la hora de entender la realidad que nos rodea. En función de la naturaleza de la situación (lógica o emocional) un hemisferio u otro desarrolla más actividad, pero todos participan.

¿Hay individuos con una especial predisposición para el uso de su hemisferio creativo? Seguro. También los hay para el desarrollo de actividades relacionadas con su lado izquierdo.

¿Significa esto que aquéllos que tienen menos predisposición al desarrollo de actividades localizadas en su parte emocional no son creativos? En absoluto. Éste no es un juego de SI o NO. Es un juego de MÁS o MENOS. Puedes ser más o menos creativo, pero en ningún caso no eres creativo en términos absolutos.

Si estás entre los que tienen estos dos hemisferios en su cerebro (y las probabilidades son muchas), te encuentras entre el nutrido grupo (todos) que es capaz de tener pensamientos creativos. ¡Enhorabuena!

Otros factores que también influyen

Por otro lado, te diría que el ser más o menos creativo (además de las características biológicas) depende de otros factores sin los que resulta imposible crear nada nuevo:

Desarrolla la voluntad de serlo. Hay que tener la predisposición para cuestionarse las cosas, para aceptar que todo se puede interpretar y realizar de forma diferente y que esa diferencia puede aportar un enfoque creativo e innovador.

Trabaja en 360º. No debes asociar la creatividad únicamente a aspectos artísticos. La creatividad puede estar presente en todas las áreas de tu vida o de tu negocio. Piensa por un momento en tu compañía. Si tienes la actitud suficiente para romper inercias e intentar cosas nuevas, puedes aplicar la creatividad a tu proceso de producción, a las características de tu producto, a la finalidad del mismo, a la... Las posibilidades son infinitas.

Dale seguimiento. El pensamiento creativo no se consigue con una sesión de brainstorming, un retiro para reflexionar o cualquier otra estrategia ocasional. Todos estos esfuerzos no te servirán de mucho si no le das el seguimiento necesario y creas el entorno adecuado para que el pensamiento creativo e innovador forme parte del día a día.

¿No eres creativo? No lo creo. Deberías reformular la pregunta. ¿Te has planteado serlo?

Como te he dicho, es un tema de voluntad. A partir de ahora, empieza a pensar cómo puedes hacer las cosas para ser diferente, hacerlas mejor y generar una ventaja que te permita competir en condiciones favorables en tu mercado.

Ser creativo no es imposible, pero eres tú el que decides.

Lección nº 46: Todos somos creativos.

Lección 47

La Creatividad Es Un Trabajo

Sí, ya sabes que todos podemos ser creativos. Más o menos, pero creativos al fin y al cabo. Ser creativo no es un regalo. Ser creativo es un trabajo. Es un trabajo que consiste en generar ideas y elegir las mejores.

Los mejores creativos no son los que tienen buenas ideas. Son los que producen muchas ideas y eligen la mejor.

No vale con coger papel y lápiz y esperar a que llegue la inspiración. Hay veces que llega. Otras veces no. Creo que funciona de otra manera. No te centres en la idea. Céntrate en la producción.

Más ideas mejor que menos

La creatividad es como la publicidad. Cuantas más personas contactas, más posibilidades tienes de convertirlas en clientes. Aquí es igual. Cuántas más ideas generas, mayor es la probabilidad de dar con una realmente buena.

La idea es conseguir ideas. Muchas. Cuantas más mejor. La genialidad consiste en dar con los mecanismos que te permitan lanzar una idea detrás de otra. Buenas, malas, regulares. Valen todas. Todas aportan algo. Contraste, alternativas,...

Ideas Diferentes

Para tener ideas diferentes, debes pensar de forma diferente. Enfréntate a cosas nuevas. Cosas que te sorprendan y que estimulen tu imaginación:

Sal con gente diferente. Amplía tu círculo. Incorpora nuevos perfiles. Cuanto más diferentes, mejor. Escucha, aprende de todos. El contraste provoca reacciones y dispara tu imaginación.

Lee libros diferentes. El conocimiento es una de las mejores fuentes de inspiración. El nuevo conocimiento funciona por sí sólo. También funciona por conexión. Las relaciones entre nuevo y viejo conocimiento puede ser un cocktail rompedor.

Escucha música diferente. Los estímulos sensoriales estimulan la imaginación. Estímulos distintos, imágenes distintas. Imágenes distintas, ideas distintas. Más estímulos, más imágenes. Más imágenes, más ideas.

Asiste a espectáculos diferentes. ¿Un poquito de Ópera? ¿Música clásica? ¿Ballet? ¿...? Da lo mismo. ¿No te gusta? No es un problema. Recuerda, no es un tema de gustos. Estás buscando alternativas que te coloquen en una situación nueva. Diferente.

Come en sitios diferentes. Prueba distintas cocinas. Distintos restaurantes. El entorno, las personas, la cocina,..., todo puede funcionar como estímulo. Todo te puede aportar nuevos enfoques, nuevas soluciones,...

Practica un deporte diferente. El deporte funciona. Te limpia la cabeza. Te recarga de energía. Si pruebas distintos deportes, tendrás sensaciones diferentes. Te recargarás de energía diferente.

.....

La lista es infinita. El mecanismo es sencillo. Libérate de lo viejo y deja espacio a lo nuevo. Llena tu cabeza de muchas cosas diferentes, nuevas y sorprendentes. No las organices demasiado. Permite que haya fricción. Que choquen entre ellas. Que salten chispas.

Muchas de esas chispas serán tus nuevas ideas. Alguna de ellas será una gran idea.

Lección nº 47: Tu creatividad depende de tu producción de ideas. Más ideas, más posibilidades de ser creativo.

Lección 48

¿Qué Tienen Que Ver Los Donuts Con La Magia Negra?

El Vudú es una religión africana llena de espíritus. Los espíritus del Vudú pueden influir sobre tu voluntad. Conseguir que hagas cosas. Manipularte. ¿Te imaginas las posibilidades en tu negocio? Un montón de espíritus convenciendo a tus clientes para que consuman tu producto.

Hay negocios que practican Vudú. Otros muchos no. Los primeros son diferentes. Tienen un encanto especial. No tienen que ser grandes ni pequeños. Sólo deben tener magia. Los espíritus se encargan del resto.

Una historia de Magia Negra

"Voodoo Doughnut" es una compañía que vende donuts. Eso no es interesante. Podría vender cualquier otra cosa. Lo que diferencia a "Voodoo Doughnut" del resto es su magia. "Voodooo" es un negocio que practica Vudú.

El mundo del donut es un mundo maduro. Además, no es especialmente divertido. Alguien tuvo una gran idea y le hizo un agujero a un bollo. Después llegaron los sabores: clásico, chocolate, fresa, limón, glaseado,... Algún otro tuvo otra gran idea y le quitó el agujero al donut. Volver a empezar: relleno de chocolate, relleno de fresa, relleno de limón, relleno de...

Los donuts de "Voodoo" tienen agujeros. También tienen donuts sin agujeros. Ahí no está la diferencia. Ahí son como todos. La magia está en el enfoque. "Voodoo" ve el negocio de una manera diferente.

Sus formas son divertidas. Muñecos, barritas, aros, caras, cigarros, flechas,... Pueden con todo. ¿Por qué ser redondos? ¿Por qué ser redondos nada más? ¿Quién lo ha dicho? ¿Dónde está escrito? Hay un público que disfruta con los aspectos divertidos de la vida. En "Voodoo Doughnut" son divertidos. Dan a sus clientes la diversión que buscan.

Sus productos son excesivos. Con agujero o no son donuts imposibles. Productos desmesurados. Donuts con bacon, donuts con cereales, donuts con caramelos, donuts con uva, donuts con cacahuetes, donuts con bayas, donuts con oreos, donuts con plátano, donuts con frambuesa, donuts con m&m's, donuts con mango, donuts con coco, donuts con...

Su packaging es atractivo. El rosa es su color. Sus cajas son únicas. Son reconocibles. Les identifican. Su logo es divertido: serpientes, hechiceros,... El eslogan es pegadizo: "Las cosas buenas vienen en cajas rosas". "Voodoo Dought" tiene personalidad. Su personalidad. No se parece a nadie. Son ellos mismos. No necesitan ser otros.

Su parafernalia es única. Todo lo que rodea a la marca (camiones, repartidores, decoración, merchandising,...) pertenece al mundo "Voodoo". Es como es y no puede ser de otra manera. Todo es estridente, todo es extraño. Pero todo es coherente, todo es consistente. Todo es "Voodoo".

"Voodoo" ha creado su propio universo y vive allí. El resto vive en otro mundo. Tienen poco que ver. No se pelean.

Son mundos distintos. El del resto es grande y muy competitivo. El de "Voodoo" es pequeño y lleno de magia y colas que salen por la puerta y dan la vuelta a la manzana.

Lección nº 48: Cuando innovas y te diferencias, creas tu propio universo. Un universo de uno.

Lección 49

Entregar Al Día Siguiente

Atlassian es una compañía australiana que en los últimos años ha experimentado un crecimiento increíble.

Una de las cosas que hace esta compañía es lo que ellos denominan el "FedEx Day". Entregan cuatro días a lo largo del año a sus empleados para que se reúnan y puedan pensar en temas no directamente relacionados con las tareas que realizan en el día a día.

La idea es que piensen en algo innovador, en algo distinto, en algo diferente y creativo. Y que todo eso, de alguna manera, se pueda posteriormente traducir en un producto nuevo, en... en algo tangible dentro de la compañía.

Le llaman el "FedEx Day" porque, después de estas jornadas de reflexión innovadora, lo que tienen que hacer es entregar al día siguiente una serie de proyectos para que se calibren y se evalúe si tiene sentido intentar desarrollarlos.

Esta táctica le ha permitido a Atlassian desarrollar su negocio de una forma desproporcionada.

Es probable que, incorporando este tipo de acciones, puedas hacer crecer tu negocio de una forma parecida a la de esta compañía australiana. ¿Por qué no?

Lección nº 49: Da a tu gente los recursos para pensar y te lo pagarán con ideas increíbles.

Lección 50

Pagar Por No Trabajar Aumenta La producción

¿Qué pensarías si te digo que invites a tus empleados a irse? No estoy hablando de despedir a nadie. No estoy hablando de nada que tenga que ver con periodos de crisis. Estoy hablando de algo diferente.

La situación es algo así. Necesitas empleados. Realizas el proceso de selección. Les inicias en un periodo de "full inmersion" en la compañía. Les enseñas cómo son las cosas. Cómo funciona todo. Les explicas cuáles son tus valores. Les haces vivir tu cultura....

En un momento dado durante ese periodo de aprendizaje, paras todo y le planteas a tu nueva incorporación una gran oferta: "te pago el 100% del tiempo trabajado más un bonus de 1.000 dólares por dejar la compañía".

La Compañía

Suena raro. ¿Quién puede ser tan estúpido como para gastar un montón de dinero buscando a los mejores empleados para luego invitarles a que se vayan? No tiene mucho sentido. No parece que haya muchos locos que actúen así.

Zappos es el nombre de la compañía. Fundada en 1999 por Nick Swinmurn y apadrinada posteriormente por Tony Hsieh es una tienda que se dedica a vender zapatos por Internet.

El Compromiso

Zappos ha organizado todo su negocio alrededor de su cultura corporativa. En el centro de la misma está el cliente. No como en el resto de las compañías donde también está el cliente... Aquí el cliente está de verdad.

¡Ah! También es muy importante la diversión. En Zappos sólo puedes trabajar si encajas con su filosofía, con su gente y pasas y ayudas a pasar buenos ratos a todos.

El Proceso

Su atención al cliente es increíble. Son famosos algunos casos como el del operador que terminó comprando una pizza para la cena de uno de sus interlocutores,...

En el servicio de atención al cliente de Zappos no hay relojes que marquen el tiempo, no hay operadores que sigan guiones, no hay pautas preestablecidas, no hay...

Hay mucho sentido común. Sentido común para satisfacer al cliente. Sentido común para que el cliente quede satisfecho. Sentido común para estar por encima de sus expectativas y hacer que vuelva una y otra vez.

Las Personas

La cultura de la compañía es una cultura de personas. Personas que creen en lo que hacen. Que son capaces de colocar al cliente en el centro de su atención. Que se divierten haciéndolo. Que son parte de un grupo que también lo hace.

Zappos tiene un especial cuidado con las personas. Primero busca profesionales que se identifiquen con su cultura, su preocupación por los clientes. Después, viene el resto. Después, viene el currículum, la capacitación, las acreditaciones, las... Pero sin identificación no hay nada más.

"La oferta" fue el mecanismo que desarrollaron para confirmar que todos sus empleados estaban allí por algo más que por el dinero.

"La oferta" consiste en ofrecer al recién incorporado (a las dos o tres semanas de empezar a trabajar) el 100% de las horas trabajadas más un bonus de 1.000 $ por irse. Sí, un premio por dejar la compañía y dedicarse a otras cosas.

¿Locura? Puede parecerlo a primera vista, pero la historia de la compañía apunta en otro sentido.

Los resultados

Parece que su política de gente comprometida con el cliente y el servicio por encima de todo ha dado sus frutos.

Entre 2000 y 2008 lograron pasar de una facturación de 1,6 millones a más de 1.000 millones de dólares. Zappos ha superado todas las dificultades de una start up y las últimas complicaciones de una economía en recesión.

¿Resultado? De entre sus muchos pretendientes, los accionistas decidieron vender la compañía a Amazon por 1.000 millones de dólares con la promesa de seguir actuando de forma independiente. ¡Ah! Y de seguir manteniendo la cultura del cliente y la diversión como motor del crecimiento.

Puedes actuar como lo has hecho siempre o puedes hacer lo que hace Zappos. Si tienes una cultura propia y crees en ella a ciegas, incorpora a los más adecuados.

Eres diferente. Utiliza fórmulas diferentes. Olvídate de los sistemas tradicionales. No funcionan. Una talla no vale para todo el mundo. Terminarás contratando perfiles iguales a los que contratan los demás. Terminarás teniendo la misma compañía que los demás.

Lección nº 50: Define cuál es la mejor forma de conocer a la gente. No importa si puede parecer una locura. Ponla en funcionamiento, construye tu cultura y haz crecer tu negocio.

Lección 51

Los Saltamontes Son Divertidos

Las buenas ideas tienen algo diferente. Las reconoces enseguida. Se te meten en la cabeza y no puedes deshacerte de ellas. Vuelven una y otra vez, una y otra vez,...

Ésa es la virtud de las grandes ideas. Cuando todo ha pasado, ellas quedan. Cuando todo ha pasado, ellas están ahí para siempre.

Saltamontes y teléfonos

Grasshopper es una compañía telefónica virtual. Fundada en Estados Unidos por dos jóvenes emprendedores, tiene más de 100.000 clientes. ¿Su objetivo? Llegar a 1 millón.

Grasshopper es diferente en muchos aspectos. Tiene un servicio excelente, tiene un crecimiento increíble, tiene un... y también tiene una forma de comunicar única.

En 2009 realizaron un cambio de marca. A partir de ahí, toca comunicárselo a todo el mundo. Por lo menos, a tantos como sea posible.

Por lo general, la comunicación (como todo) depende de dos elementos: presupuesto e ideas. Cuando hay presupuesto, algunas buenas ideas mueren, se tiende a ser más conservador. Cuando no hay dinero, o hay ideas o no hay comunicación.

Grasshopper es una de esas compañías con más ideas que presupuesto. Seguramente, es una de las razones por las que se atrevió a lanzar una de las ideas más interesantes de los últimos tiempos.

Una campaña inolvidable

Para comunicar su rebranding (cambio de marca) al mercado, decidió:

1.- Utilizar saltamontes reales. Grasshopper significa saltamonte en inglés. Tiene sentido que uno de los elementos de tu comunicación sea la representación física de tu marca. Tiene impacto. Establece una conexión potente.

2.- Cubrirlos de chocolate. El saltamontes es un animal que tiene mucha fuerza. Él sólo cumple el objetivo de comunicar el mensaje. Pero si lo sacas de su contexto, si haces algo distinto con él, el resultado puede ser increíble. Grasshopper se atrevió a hacer "Bombones Rellenos De Saltamontes". Sencillamente genial.

3.- Enviárselos a 5.000 personas. Aquéllas que consideraron más influyentes para su mercado (bloggers, televisiones,...). Consiguieron dos efectos. Por una parte, causar un impacto (notoriedad) increíble en estas personas. Después, ganarse su simpatía por haberles incluido en el grupo de personas influyentes.

¿Los resultados? Una repercusión en medios como no puedas imaginar. La marca se presta a este tipo de comunicación. La idea es genial. La ejecución es perfecta. El impacto superó todas las expectativas. La noticia corrió como la pólvora. Se hicieron referencia a los saltamontes de Grasshopper en tweets, posts, fotografías, vídeos, informativos,...

La idea pegó. Los que recibieron la bolsa de bombones especiales se sorprendieron. Les gustó. Lo contaron al mundo y todos se quedaron con la idea en la cabeza. Seguramente, para mucho tiempo.

Lección nº 51: Si quieres que se acuerden de ti, haz cosas inolvidables.

Lección 52

Método Para Generar Ideas

¿Quieres más ideas? Seguro. Todos queremos más ideas. Las ideas son el inicio de todo. Cuando tenemos ideas nos sentimos inspirados. Cuando tenemos más ideas nos sentimos seguros.

Las ideas son necesarias. Tenerlas es más complicado. Le dedicas esfuerzo. Te concentras. Utilizas técnicas como el Brainstorming o algo similar. A veces funciona. En otras ocasiones los resultados no son buenos.

Genio y Proceso

Las ideas tienen una parte de genialidad y otra de proceso. La fórmula sería algo así como "genio + proceso igual a idea". Si tienes más genio, puedes ser más flojo en el proceso. Cuando tu genio no es tan fuerte, debes centrarte en el proceso.

Hay gente con algo más de creatividad, pero también hay gente con algo más de proceso. Muchos pensadores brillantes son pensadores de proceso. Tú también puedes serlo.

Cómo generar ideas

Puedes trabajar con muchos procesos. Eso no es relevante. Lo relevante es que sigas alguno. Define los pasos, cíñete a ellos y produce ideas. Ideas que te puedan ayudar. Buenas ideas.

Anota tus ideas. El primer paso para generar buenas ideas es anotarlas. Tu cabeza es como un disco duro. Funciona a todas horas. Funciona a tope de revoluciones. Consciente o inconscientemente estás enchufado. Reflexionas. Anota lo que piensas. Anota las reflexiones que te inspiran. Si tienes dudas, anota. Grandes ideas se han perdido por no reflejarlas en papel.

Descarta lo que no interesa. Es momento de sentarte y revisar lo que has escrito. No hay que hacerlo ya. Hay que hacerlo cuando tienes suficiente material. No te enamores demasiado de lo que lees. Son embriones. Léelo con tranquilidad y descarta, primero, lo evidente. Después lo que no llegará muy lejos.

Empieza el desarrollo. Tienes un grupo mucho más reducido. Dedícale un poco más de tiempo. ¿Eres capaz de ver como puede evolucionar? ¿Imaginas cómo puede ser su desarrollo? Si no lo ves, elimina. Si lo ves, empieza el desarrollo. No profundices demasiado. No toca. Sólo quieres ver si progresan con facilidad. Quédate sólo con las que avanzan de manera natural. El resto no vale la pena.

Profundiza en las elegidas. Te has centrado en unas pocas. En las que han pasado el corte. Sigue profundizando en ellas. Dales forma. Hay que ir un poco más allá del esbozo. Pintan bien pero tenemos que construirlas. ¿Se sostienen en pie? ¿Se sostienen tiempo en pie? Ésa es una buena idea.

Ponla en marcha. Ha llegado el momento de ejecutar. Éste es el paso más importante. Una idea sin ejecución no es nada. Sólo un ejercicio intelectual. Dale vida y ponla a andar. Las ideas vivas vuelan.

Las buenas ideas no caen del cielo. Algunas llegan fácilmente. A otras les cuesta más. Todas hay que trabajarlas.

Lección nº 52: Utiliza un proceso, el que quieras. Utilízalo y las ideas fluirán.

CAPÍTULO 5

Yo, Tú, Él... Nosotros

"Una máquina puede hacer el trabajo de 50 hombres normales.
Ninguna máquina puede hacer el trabajo de un
hombre extraordinario".

-Elbert Hubbard

Lección 53

A Igualdad De Condiciones...

¿Qué es más importante a la hora de gestionar un negocio? ¿Eres de los que piensa que la cantidad de recursos de la que dispongas es la que va a marcar el rumbo de tu compañía? ¿Valoras sólo la capacidad de las personas y crees que el capital no es algo que marca diferencias?

Ni una cosa ni la otra. El capital y las personas son los dos factores productivos por excelencia. Si falta alguno de los dos, no hay producto o servicio y, por lo tanto, no hay negocio. Entonces... como punto de partida podemos asumir que los dos son necesarios.

Ahora bien, ¿si tuvieses que decidir cuál de los dos tiene mayor importancia a la hora de lanzar y desarrollar un negocio, con cuál te quedarías?

¿Qué es diferencial?

Puedes pensar que todo dependerá de... Posiblemente tengas razón y todo depende de algo. Pero, en cualquier caso, creo que hay un argumento que puede resultar interesante.

El capital por sí mismo no es diferencial. Es decir, el capital no consigue nada. Las mayores o menores posibilidades que te ofrece el capital o recursos dependerán de las decisiones que se tomen sobre él. Las decisiones no las toma el capital, las toman las personas. Las personas adecuadas tomarán decisiones más acertadas que las que no lo son. A partir de ahí, se marcará la diferencia en los resultados.

A igualdad de condiciones en términos de capital, los resultados siempre dependerán de la calidad de las decisiones.

Afortunadamente, eso es algo que todavía está en nuestras manos.

Lección nº 53: Las personas marcan la diferencia... de verdad.

Lección 54

La Zona Roja

No sé si has escuchado en alguna ocasión la expresión "El área de confort". Es la zona en la que nos situamos cuando, después de hacer algo, nos sentimos cómodos, sabemos cómo hacerlo y conocemos más o menos los resultados que podemos obtener.

El área de confort está bien. Nos sentimos protegidos y los resultados que podemos obtener son... bueno, son razonables.

Pero si tu objetivo es conseguir resultados sorprendentes, brillantes, éstos no los vas a encontrar en tu área de confort. No están allí.

Para conseguir este tipo de resultados, tienes que ir más allá de tu área de confort. Tienes que entrar en la zona roja donde hay más amenazas. Donde te puedes sentir algo incómodo. Una zona roja que no conoces. Una zona roja que tienes que explorar. Allí es donde trabajan las grandes compañías. Allí es donde están los resultados excelentes.

Lección nº 54: La comodidad no da dinero. El dinero está en la zona roja.

Lección 55

Todo Está En Tu Cabeza

¿Sabes dónde están tus límites? ¿Conoces los límites de los demás? Es muy probable que tengas la tentación de decir que sí. Conoces tus límites y sabes hasta dónde puedes llegar. Eres consciente del nivel de los demás y sabes hasta dónde les puedes exigir.

No. Afortunadamente, las cosas no son así. Somos mucho más complejos. Hay un montón de elementos que influyen sobre nuestro rendimiento.

En 1964, Robert Rosenthal realizó un experimento en el que demostró cómo, bajo ciertas condiciones, personas normales podían obtener resultados extraordinarios.

El experimento

Al inicio del curso escolar, el director de un colegio se reúne con tres profesores en su oficina. Les comunica que han obtenido las mejores calificaciones docentes del centro. Como premio, les ofrece la posibilidad de encargarse durante el próximo curso escolar de tres grupos de estudiantes que están muy por encima de la media.

A los profesores se les dice que, para evitar ser acusados de discriminación, tienen que mantenerlo todo en secreto y deben impartir el mismo programa y utilizar las mismas herramientas de siempre.

El director del centro termina afirmando que, al combinar a los mejores profesores con los mejores alumnos, los resultados serán excelentes.

Al final del curso, el director vuelve a convocar a los tres profesores. Los resultados han sido increíbles. No sólo han sido los tres mejores grupos del colegio, sino que ocupan las tres primeras plazas en su distrito académico.

Los profesores comentan que ha resultado muy fácil. Los alumnos son los mejores. Siempre están atentos. Siempre tienen ganas de aprender.

Algunas claves

En ese momento, el director les desvela la primera clave del experimento: los alumnos que se les asignaron fueron elegidos de forma aleatoria. Eran estudiantes similares a los del resto del colegio.

Si es así, ¿cómo han conseguido unos resultados tan increíbles? ¿Por la calidad de los profesores?

Segunda clave del experimento: los tres profesores también fueron elegidos de forma aleatoria.

La explicación

Entonces, ¿cuál es la razón que explica que estudiantes normales consigan resultados extraordinarios?

Se conoce como la ley de las Expectativas positivas. Esta ley afirma que tú consigues lo que esperas conseguir y lo que otros esperan que consigas.

Como el director esperaba lo mejor, los profesores también lo hicieron y se repitió, de nuevo, con los alumnos.

Si quieres sacar lo mejor de tu organización, tienes que:

1.- Esperar lo mejor de ti y tener la confianza suficiente para conseguirlo.

2.- Esperar lo mejor de los demás y darles la confianza para que lo consigan.

Por desgracia, esta ley también funciona en sentido contrario. Es decir, si esperas que alguien falle, fallará. Si no esperas demasiado de los que te rodean, es muy probable que los resultados sean mediocres.

Lección nº 55: La mejor fórmula para sacar lo mejor de nosotros mismos y de los demás es esperar mucho de todos y darnos la confianza que necesitamos para conseguirlo.

Lección 56

¿Cuánto Esfuerzo Es Suficiente Esfuerzo?

¿Qué tengo que hacer para que las cosas me salgan bien? Es la gran pregunta. Cuando hacemos algo, esperamos conseguir resultados. Si no es así, algo falla.

¿Cuál es la fórmula? No hay fórmula. O, por lo menos, no hay nada que te pueda sorprender.

Para que las cosas funcionen, tienes que esforzarte más. Los resultados son la consecuencia de tus esfuerzos.

En los negocios, los resultados también pasan por un mayor esfuerzo. Tienes que esforzarte más que tu competencia y los resultados llegarán.

La cantidad de esfuerzo necesaria

Ahora, sólo falta saber cuál es la cantidad de esfuerzo que nos asegura el éxito. Es curioso, pero algunos psicólogos han sido capaces de cuantificarla: 10.000 horas.

Para triunfar necesitas alcanzar un conocimiento profundo de tu sector. Diez mil horas parecen ser las necesarias para llegar a este nivel de maestría.

El psicólogo americano Daniel Levitin opina que 10.000 horas es la cifra necesaria para alcanzar el nivel de experto mundial en algo. Después de estudiar a todo tipo de profesionales (músicos, deportistas, escritores,...) este número aparece una y otra vez como la cantidad mínima de esfuerzo que hay que dedicar para convertirse en un maestro.

Aunque las 10.000 horas no te aseguran el éxito, no parece que haya nadie que haya alcanzado ese estatus de experto en menos tiempo.

Los beneficios de ser un experto

No tengo ni idea de si la cantidad necesaria son 10.000 ó 15.000. Tampoco es necesario. Lo que es evidente es que para dominar algo tienes que conocerlo en profundidad. Si lo consigues:

1.- Puedes volcar tu conocimiento sobre los demás. Cuando lo haces, aportas valor. Las personas pueden utilizar tu conocimiento para conseguir sus propios objetivos y mejorar sus vidas. Tú o tu producto es interesante.

2.- Te conviertes en una referencia. Todos te buscarán. Tienes tanto dominio que no te limitas a repetir. Ahora, también, aportas tus interpretaciones. Tu mercado valora tus opiniones.

3.- Descubres oportunidades. Tu conocimiento te permite encontrar áreas poco exploradas. Temas poco tratados. Eres capaz de ver la oportunidad porqué sabes qué hay y qué falta.

4.- Imaginas el futuro. El pasado no decide el futuro, pero te puede dar pistas interesantes. Tú conoces el pasado. Puedes imaginar escenarios futuros con mayor probabilidad que otros.

Las 10.000 horas de dedicación te colocan en una posición de privilegio. Lo ves todo desde un sitio diferente. Lo ves todo con más claridad.

En definitiva, es sentido común. Conviértete en un experto y recorre tu camino hacia el éxito. Sólo está a 10.000 horas de distancia.

Lección nº 56: Para que las cosas funcionen, tienes que esforzarte. Para que las cosas te funcionen mejor que a los demás, tienes que esforzarte más que los demás.

Lección 57

Thinkers y Doers

En inglés hay dos palabras que se utilizan mucho en temas de gestión: "Thinkers" y "Doers".

Los "Thinkers" son personas que piensan. Son tranquilos. Reflexivos. Dedican una gran parte de su tiempo a analizar la situación a la que se tienen que enfrentar. La estudian desde todos los ángulos. Imaginan todo tipo de soluciones. Buenas, malas, regulares,... En algunos casos actúan. En otros no.

"Los Doers" son distintos. No les gusta demasiado la reflexión. Se sienten inquietos. Disfrutan cuando tienen que actuar. Se lanzan al ruedo y hacen cosas. Muchas cosas. Algunas salen bien.

La teoría dice que "Los Thinkers" pierden. Es cierto. Pensar es fantástico. Pensar sin acción no aporta mucho.

"Los Doers" son pensadores de segundo nivel. Actúan, funciona, siguen actuando. Actúan, falla, piensan cómo actuar de nuevo.

Hay más alternativas

Creo que hay un tercer tipo de personas: las que se sitúan en el "Equilibrio Perfecto". Este tipo es capaz de entender qué es lo que hay que hacer y qué recursos hay que dedicarle a cada cosa.

Los que están en el "Equilibrio Perfecto" se diferencian de los "Thinkers" en que analizan lo que es realmente relevante. Sólo se hacen tres preguntas:

1.- ¿Qué tengo que hacer? Identifican las acciones que tienen que realizar. Esta pregunta es un primer filtro. No hay demasiada reflexión. Sólo listan lo que creen que deben hacer y ya está.

2.- ¿Por qué debo hacerlo? Esta es la fase de confirmación. Cogen cada una de esas acciones e intentan entender la razón que la justifica. ¿Tiene suficiente argumentación? Adelante. ¿No queda del todo claro que sea relevante? Fuera.

3.- ¿Cómo tengo que hacerlo? "Todos los caminos conducen a Roma", pero unos son más cortos que otros. Si quieres ahorrarte muchos kilómetros, piensa en las distintas soluciones. Compáralas y elige la que te permite seguir avanzando más fácilmente.

Pasión por la acción y más cosas

"Los Doers" y todos los que se sitúan en el "Equilibrio Perfecto" comparten su pasión por la acción. Saben que la acción es la base de todo. Hasta que no actúas no pasa nada. Pero les diferencia el lugar donde sitúan la reflexión.

"Los Doers" la sitúan detrás: actúan y piensan. Los segundos lo hacen al revés: piensan y actúan. ¿Cuál es la diferencia? El nivel de éxito. Las probabilidades de que las cosas salgan bien aumentan exponencialmente. Te ahorras sufrimiento y tiempo.

Lección nº 57: Intenta encontrar este equilibrio. Recuerda que todo funciona con reflexión y acción. La reflexión sin acción paraliza. La acción sin reflexión tropieza. Descubre el "Equilibrio Perfecto" y ponlo en marcha.

Lección 58

Descansar No Es Optativo

Trabajar más para conseguir más tiene sentido. Las cosas no son fáciles. Tienes que dedicarles el esfuerzo que se merecen. Si trabajas más, es muy probable que consigas más.

En cualquier caso, todo tiene matizaciones "Trabajar más" es una de esas frases que hay que matizar.

Trabajar está bien. Debes estar centrado. Tener foco en lo que haces. Pero debes gestionarlo con cuidado. Al final, todo esto no pasa por trabajar más sino por trabajar más inteligentemente.

¿Dónde está el límite?

Te resulta intuitivo entender cuál es la capacidad máxima de un vaso. Lo rellenas de agua hasta el borde. Si sigues con el agua, al final termina saliéndose. ¿Por qué? Porque el vaso no tiene suficiente capacidad.

Es fácil entender que un vaso tiene una capacidad limitada. Sin embargo, no resulta tan intuitivo asumir que no podemos con todo. Que has llegado a tu límite. A partir de ahí, las cosas van más lentas. Todo nos cuesta más.

Trabajar más no es la solución. De hecho, puede ser el problema. Cuanta más agua echas en un vaso lleno, más agua se pierde. A ti te pasa lo mismo. Ésa es una buena razón para tomarte un descanso.

Las ideas hay que buscarlas

Creo que fue Picasso el que dijo que "Si te llega la inspiración es mejor que te coja trabajando". Seguramente es así. Pero hay momentos en los que el bloqueo no deja pasar las ideas.

La inspiración no es un tema sencillo. Hay momentos y momentos. Hay momentos en los que las ideas llegan con facilidad. Se amontonan. Sólo tienes que organizarlas y darles entrada. En otras ocasiones cuesta más.

Cuando tienes problemas para generar ideas, cambia cosas. Si sigues haciendo lo mismo es muy probable que sigas sin ideas. Hacer algo diferente estimula la imaginación. Provoca pensamientos diferentes. Establece nuevas conexiones.

Tómate un descanso. Bébete un café. Charla con un compañero. Rompe la rutina del trabajo. Es muy probable que, si agitas tu agenda, surja algo interesante.

Acelera las transiciones

Hay muchas formas de trabajar. Algunos trabajan con varios temas abiertos. Van pasando de uno a otro a base de pequeños impulsos. Otros prefieren organizarse el trabajo en paquetes de contenido. Ahora, toca preparar las reuniones. Después, hago todas las llamadas planificadas y devuelvo las pendientes. Más tarde...

Cada uno se organiza como le parece más conveniente. Pero la multitarea suele dar problemas. Los que se organizan el trabajo con paquetes de contenido suelen avanzar más. Aprovechan mejor su tiempo. Tienen menos transiciones.

Las transiciones son un elemento importante. Son la bisagra entre dos contenidos diferentes. Cuando las transiciones son "no transiciones", es decir, cuando pasas de un tema a otro sin desconectar, arrastras un poso de las tareas anteriores. Se queda durante un tiempo en tu cabeza y no te permite centrarte al 100% en las nuevas.

Un break es una gran solución. Tómate unos minutos de descanso y deja que los posos se diluyan, se pierdan y no molesten. Así, podrás empezar un nuevo capítulo desde el minuto uno. Sin tener que preocuparte de otros elementos que dificultan tu atención.

Lección nº 58: Los límites están para respetarlos. Cuando no les prestas atención, puedes tener problemas. Eres menos productivo, tienes menos ideas y pierdes concentración.

Lección 59

¿Qué Estilos De Dirección Funcionan Mejor?

En la mayoría de los casos, los negocios son personas. Sí, hay muchas cosas más. Pero, al final, son las personas las que actúan y toman las decisiones.

Buenas decisiones ayudan a tu negocio. Mueven tu proyecto en la dirección adecuada. Te acercan un poco más a tus objetivos.

Cuando las personas se confunden, tu negocio se confunde. Fallas el tiro y tienes que volver a empezar.

Dirigir personas no es fácil. De hecho, marca la diferencia. Cuando tu estilo de dirección es el correcto, las decisiones suelen ser correctas. Hacerlo bien da resultados inmediatos.

¿Cuál es la receta? No hay ninguna. Hay alguna idea que puede funcionar. Después, mucho sentido común.

Los estilos de dirección

Hay muchos modelos de dirección. Eso está bien. Cuanta más información mejor. Aumentas tu capacidad de elección.

A mi me gustan los modelos simples. Los que se pueden entender. Si hay algo que no se coge a la primera, fuera. No lo considero. En temas de dirección de personas es igual. ¿Cómo puedes dirigir a tu equipo? De mil maneras diferentes. Ese enfoque es complicado. Creo que se puede simplificar.

Hay dos grandes estilos de dirección: participativo y directivo. Entre ellos, tantos grises como quieras imaginar.

El participativo da más juego a tu equipo. Exige compromiso. Solicita feedback. Se alimenta de lo que dicen y hacen todos los componentes. Aumenta la responsabilidad del grupo y aumenta la responsabilidad de las personas. Mejora con la participación.

El directivo es diferente. Funciona en un solo sentido. El director dirige más y el colaborador ejecuta. No hay consenso. No lo necesita. Sólo exige obediencia y fe.

¿Cuál funciona mejor?

¿Cuál de los dos enfoques funciona? Depende. Las cosas son así. Simples, pero interpretables. Nunca hay respuestas absolutas. Tienes que seguir aplicando tu sentido común. El estilo de dirección puede depender de:

1.- La formación de tus colaboradores. Distintos perfiles de formación exigen distintos estilos de dirección. Profesionales formados necesitan participar. Necesitan compartir. Profesionales con menor nivel de formación pueden necesitar algo más de dirección.

2.- La capacidad para asumir responsabilidades. A mayor nivel de responsabilidad mayor nivel de participación. Cuando el miedo aparece, los niveles de participación tienden a disminuir.

3.- La situación de la compañía. Los momentos de tranquilidad son buenos para la participación. Se puede consensuar. Hay tiempo para preguntar, entender e incorporar el pensamiento de los demás. Funciona. Cuando tu compañía atraviesa dificultades, la participación puede ser más complicada. Cuando el barco se hunde, necesitas un único capitán. Preguntar demasiado cuando el tiempo de reacción es limitado no es operativo.

No hay mejores o peores estilos de dirección. Hay estilos adecuados a situaciones particulares.

Lección nº 59: Entiende a tus colaboradores, estudia la situación de tu compañía y dirige a tus equipos como merecen ser dirigidos.

Está Ahí. Sólo Tienes Que Saber Sacarlo.

Las personas marcan la diferencia. Las personas te colocan arriba o abajo. Ése es su poder. Ése es el poder de los que gestionan personas y lo hacen correctamente.

¿Qué está bien o qué está mal? No es fácil saberlo. No es un juego de una solución. Si buscas la píldora mágica, es probable que no la encuentres. Los síntomas son distintos. Las personas son distintas.

Hay aproximaciones. Algunas tienen más sentido que otras. Está bien probarlas. Ver qué funciona y qué no.

Sin límites es más difícil

Ésta es la situación. Vas a jugar un partido de lo que sea. Juegas. No hay rayas laterales. No hay fondos. ¿Entonces...? ¿Dónde hay que jugar? ¿Cómo hay que hacerlo? ¿Qué tengo que hacer?...

Son demasiadas preguntas. Demasiada desorientación. Todo resulta demasiado complicado.

Hay límites y límites. Los límites que restringen no ayudan demasiado. Hay otros límites. Los límites que sitúan. Éstos son mejores.

Los límites te dicen dónde estás. Te dan tranquilidad. Los límites te dicen dónde juegas. Dónde tienes que volcar tu esfuerzo. Los límites son seguros.

Necesitas límites. Tu gente necesitas límites. Te ayudan a concentrar. A prestar atención a lo que realmente importa.

¿Hasta dónde puedo llegar?

Cada uno es como es. Es una cuestión de niveles. Algunos necesitan más nivel de responsabilidad. Otros necesitan algo menos de autonomía. Así, se sienten más cómodos y aportan más.

No es bueno ni malo. Son personalidades. Está bien. Cambiar personalidades no es demasiado inteligente. Adaptarse a ellas sí. Funciona. Funciona mucho mejor.

Delega responsabilidades. Dale a cada uno lo que necesita. ¿Dentro de unos límites? Seguro, pero intenta que cada uno llegue hasta donde quiera llegar. Cuando lo haces, llegan.

Hay que acompañar los resultados

Sí, hay que ver qué pasa. Cómo están saliendo las cosas. Haces las cosas por algo. Haces cosas para conseguir cosas. Cuando lo consigues, estás donde tienes que estar.

No siempre funciona. A veces fallas. Tú y tu equipo estáis fuera de vuestras expectativas. Tienes que saberlo y tienes que corregirlo. No pasa nada, es parte del juego. Ves qué ha fallado, qué es lo que no funciona y corriges. Se acabó.

Las desviaciones están para eso. Para corregirlas y para aprender. Para evitar caer de nuevo y mejorar.

Marca los límites, delega responsabilidad y acompaña los resultados. Éste puede ser un sistema. Funciona.

Lección nº 60: Las personas marcan la diferencia. Sacar lo mejor de los demás hace que la diferencia sea más grande. Todo está ahí. Sólo hay que entenderlo y sacarle el máximo partido.

Lección 61

Hablando Se Entiende
La Gente

¿Has tenido que contratar alguna vez a alguien? ¿Has decidido quién o quién no es el candidato más adecuado para un puesto de trabajo? Si lo has tenido que hacer, te habrás dado cuenta de que encontrar al trabajador perfecto no es un tema fácil.

Ahí fuera hay un montón de teorías. Hay mucha gente muy preparada pensando en ellas. Pruebas de capacidad, exámenes psicométricos, tests de personalidad, Técnicas de simulación,... Muchas más, incluso con nombres más complicados.

Yo no las utilizo. Bueno, las he utilizado alguna vez, pero ya no. ¿Por qué? Pues porque me parecen artificiales. Al final, las cosas son algo más sencillas.

El método de selección

Tengo la sensación de que el mejor método de selección es hablar. Somos personas trabajando con personas. Con más cosas, sí, pero con personas. Entonces... siéntate con tu candidato y habla.

¿Es suficiente? No. Para encontrar tienes que saber qué estás buscando. Aquí no es distinto. Si quieres encontrar un buen profesional que encaje en tu compañía, tienes que saber de qué hablar.

¿Qué hay que buscar?

Las posibilidades son muchas. Por lo general, tiendo a simplificar casi todo. Los métodos sencillos son los que mejores soluciones aportan. Yo busco en el candidato tres cosas fundamentalmente:

1.- Lo que sabe hacer. Es la base de todo. Todos tenemos que aportar algo a la organización y lo que el trabajador sabe hacer es la esencia de su colaboración en el primer momento. Mantiene a la compañía en funcionamiento.

2.- Lo que puede llegar a hacer. Esto es el futuro. Compañías con trabajadores que tienen la actitud necesaria para poder llegar a hacer muchas cosas tendrán un futuro más apetecible que las que no los tienen.

3.- Lo que hace hacer a sus compañeros. Esta es la diferencia. Las organizaciones que tienen personas que son buenas y que además hacen más buenas a las que le rodean son organizaciones ganadoras. Su velocidad está muy por encima del resto. Todo se multiplica.

Encontrar al trabajador perfecto no es fácil. Seguramente, imposible. No creo que exista. Ninguno lo somos. Pero intentar incorporar personas que se ajusten a lo que necesitas, te ayuden en el futuro y te hagan mucho mejor está en tu mano. Prueba este sistema y comprueba sus resultados.

Lección nº 61: Busca en tus trabajadores lo que saben hacer, lo que pueden llegar a hacer y lo que hacen hacer a sus compañeros.

Lección 62

La Mitad De La Ecuación

Todos queremos a los mejores. Las empresas excelentes, tienen profesionales excelentes. El resto quiere a los mismos profesionales.

Estamos inmersos en la era de la capacitación. Los currículums están llenos de licenciaturas, masters, idiomas,... ¡No falta de nada! Los candidatos se preparan a conciencia. Sus experiencias son brillantes. Sus currículums son impecables.

Ahora, hay que decidir. ¿Qué candidato es el más adecuado? ¿El ingeniero que habla inglés y francés? ¿O el economista que ha tenido una experiencia internacional?

Está bien. Queremos al más capacitado. Buscamos eso, ¿no? Sólo hay un problema. ¿Quién es el más capacitado?

Los curriculums son imperfectos

Creo que el Currículum sólo te muestra un lado de la ecuación. ¿Importante? Seguro que lo es. Pero me falta algo. Todavía no he visto Currículums que reflejen:

1.- Empatía. ¿Conectas con la gente? ¿Te sientes cómodo? ¿Se sienten cómodos contigo? Los profesionales que conectan mejoran tu trabajo. Construyen ambientes agradables. Facilitan el trabajo a los demás. Hacen que todo funcione. Hacen que la gente disfrute trabajando.

2.- Serenidad. ¿Cómo te enfrentas a los problemas? ¿Te dejas impresionar? ¿Te producen ansiedad? La serenidad es una gran virtud. Controlar tus emociones antes de actuar funciona. Los profesionales serenos tienen la tranquilidad necesaria para tomar buenas decisiones.

3.- Emoción. La gran diferencia entre los equipos buenos y malos es su capacidad de emocionarse. Las personas disparan las emociones. El grupo las hace suyas. ¿Tu gente comparte emociones? ¿Son extrovertidos? ¿Contaminan positivamente?

4.- Perseverancia. El único obstáculo entre nosotros y nuestras metas es el número de intentos que necesitamos para alcanzarlas. ¿Cuántos perseverantes has contratado últimamente? ¿Hay algún título para eso? Los profesionales que perseveran te llevan a los resultados. Te hacen crecer. Te hacen más grande.

5.- Ilusión. Nuestra ilusión nos hace movernos. ¿Tienes profesionales que se ilusionan fácilmente? Las personas que se ilusionan son locomotoras. Se mueven. Mueven con ellos a todos los que les rodean.

6.- Imaginación. ¿Cómo ves las cosas? ¿Cómo son o cómo crees que son? ¿O las ves de distintas maneras? La gente con imaginación abre posibilidades. Te enseñan nuevos escenarios. Te llevan donde ningún otro te puede llevar. La imaginación hace más grande tu entorno.

Los Currículums sólo muestran un lado de la ecuación. La capacitación. Les falta el lado de las personas.

Creo que los Currículums deberían mostrarlo todo. Quizá el papel no es buen soporte. Pero si sabes qué tienes que encontrar, sólo tienes que buscarlo. Aparecerá.

Lección nº 62: Los curriculums sólo muestran la mitad de la ecuación. La capacitación. La otra mitad, la de la persona, tienes que descubrirla tú.

Lección 63

Las Hermanas Del Colegio De Notredam

En 1986, David Snowdon inició uno de los estudios longitudinales más famosos de la historia de la psicología. El objetivo del estudio era analizar el proceso de envejecimiento y el desarrollo del Alzheimer en la población.

El estudio se realizó con monjas católicas americanas miembros de las Hermanas del Colegio de Notredam. Las características de este colectivo eran ideales para el buen fin de la investigación. Personas con hábitos homogéneos (estilos de vidas muy similares) que permitían minimizar el efecto de variables extrañas.

Durante el transcurso del estudio, los investigadores tuvieron acceso a los archivos del convento. Allí se guardaban todos los documentos que las monjas habían acumulado a lo largo de su vida.

Entre estos documentos se encontraban pequeñas reflexiones autobiográficas. Pensamientos que las monjas habían escrito cuando se incorporaron a la hermandad.

Los investigadores analizaron los documentos y los codificaron como más o menos positivos en función del estilo de cada uno (adjetivos, fluidez, expresividad,...).

El Secreto de las Monjas

¿Qué se puede sacar de unos antiguos diarios? ¿Cuál puede ser la conclusión después de más de 50 años? La primera evidencia fue que las monjas que habían escrito con un estilo positivo eran más longevas. Las monjas felices viven más.

El 90% de las monjas felices habían alcanzado los 85 años mientras que sólo el 30% de las monjas menos positivas tenían los mismos años. Además, los casos de Alzheimer eran muy superiores entre las monjas menos felices.

Hay más

Otra de las conclusiones que se sacó del estudio es que la felicidad y el sentimiento positivo pueden mejorar nuestra condición física.

No sólo vives más si eres feliz, también vives mejor. Te encuentras bien, te sientes en perfectas condiciones. Puedes hacer más cosas, durante más tiempo y más rápidamente. Estás más sano y eres más productivo.

En definitiva, cuando eres feliz tienes más posibilidades de tener más éxito en todo lo que haces.

La Felicidad en el trabajo

¿Qué ocurre con los empleados felices? Lo mismo. Es un efecto universal. Los empleados felices tienen menos bajas, trabajan más y son más eficaces.

Es una invitación en toda regla para que las compañías se preocupen por el nivel de felicidad de sus empleados y que éstos aprendan a disfrutar de todo. Sí, incluso del trabajo.

No es necesario que seas una monja. Todos podemos beneficiarnos de los efectos de la felicidad. Todos podemos mejorar nuestra vida, nuestros negocios, nuestros trabajos,... Al final, tus resultados son una consecuencia directa del tamaño de tu sonrisa.

Lección nº 63: Los empleados felices producen más.

Lección 64

Los Mejores Salen Corriendo

Tus empleados son tu mayor activo. Si no se identifican con tu negocio, tendrás pocas posibilidades de tener éxito. Son la fuerza que mueve tu maquinaria.

Da lo mismo en qué situación se encuentre la economía. Tienes que dar a tus empleados todo lo que se merecen. Si no lo haces, se irán. Y, por lo general, los primeros en irse suelen ser los mejores.

Cuando las cosas van bien, puedes retribuir con dinero y otras cosas. Cuando los tiempos son difíciles, tienes que retribuir con otras cosas y algo de dinero. Los malos tiempos te obligan a ser más creativo.

Hay muchas opciones

Afortunadamente, todos tenemos un componente emocional que funciona en estos casos. Aprovéchate de él e intenta compensar a tus colaboradores con elementos que les hagan sentirse bien.

Sé tan imaginativo como te sea posible. La creatividad, la imaginación y el esfuerzo son elementos que todos apreciamos. Compensa siempre. Compensa aunque sea de forma diferente. Aquí tienes algunos ejemplos que pueden servirte de inspiración.

a.- Cena para dos. Invita a una cena para dos a aquél colaborador que te haya aportado alguna idea interesante fuera del guión. Las aportaciones diferentes que provocan resultados diferentes necesitan compensaciones diferentes. Regálale la oportunidad de invitar a su pareja a un gran restaurante y pasar una gran velada. Te lo agradecerá.

b.- Aplauso espontáneo. Fomenta la frescura. Aprovéchate de la complicidad de la gente. Remunera con aplausos espontáneos de todo el grupo a los que cooperan. No hacen falta grandes colaboraciones. Pequeños aportes que mejoran la calidad de la vida laboral son más que suficiente.

c.- Regala nombres. ¿Por qué no le pones a una sala el nombre de uno de tus empleados? ¿O llamas por el nombre de pila de uno de tus colaboradores a la reunión de coordinación de las mañanas? ¿O...? Las posibilidades son infinitas. Humaniza tu negocio y ofrece estos pequeños tributos a los que te ayudan a mejorar.

d.- Celebra cumpleaños. Elige un día al mes para celebrar el cumpleaños de todos los que cumplen años ese mes. No hace falta que tires la casa por la ventana. Unos refrescos, cervezas y snacks te pueden ayudar. Si lo rematas con un pequeño regalo (los libros son el detalle perfecto), el día será memorable.

e.- Formación divertida. Pregúntales a tus empleados qué intereses tienen en común, qué hobbies comparten,... Organiza algún tipo de formación que les ayude a desarrollarlos. Aprovecha los buenos resultados para lanzar estas sesiones.

f.- El día de la familia. Transforma un día de trabajo en un día con las familias. Organiza juegos para los niños y algo de comida (las barbacoas funcionan muy bien). Tus empleados disfrutarán de un día de vacaciones adicional. Tú fomentarás las relaciones entre todos y el resultado será genial.

g.- ...

La lista puede ser interminable. Pero la idea es clara. Haz algo. Siempre tienes que hacer algo, aunque los recursos no sean demasiados.

Lección n.º 64: Compensa siempre la colaboración de tus empleados. Sé original. Actúa de una forma diferente. Sorpréndeles con tu gratitud.

Lección 65

Es Más Fácil De Lo
Que Piensas

El ambiente es importante. Cuando trabajas a gusto, tu rendimiento aumenta. Aumenta el rendimiento de todos.

Las compañías con mal ambiente son tristes y grises. Todo cuesta más. La gente parece menos interesante. El trabajo es menos interesante.

Tu departamento de recursos humanos lo sabe. Hace todo lo posible para mejorarlo. Prepara dinámicas de grupo. Jornadas de puertas abiertas...

Si hay dinero, sesiones outdoor que dicen que unen o cualquier otro juego que manche de pintura. Mucha pintura. Todo vale si mejoramos el ambiente.

Puedes ser tan sofisticado como quieras. A veces consigues resultados. También, puedes ser más simple. Hacer lo que se ha hecho siempre. Funciona.

Saludar es un buen comienzo

Empieza el día. Saluda. Es una buena manera de mostrar a todos tu buena predisposición. Cuando saludas, estás arrancando el motor. A partir de ahí, todo se moverá naturalmente.

No estoy hablando de ninguna técnica extraña. Olvídate de rituales de saludo vacíos. No recorras las tres plantas de tu oficina repitiendo el mismo guión. Simplemente saluda. Saluda cuando te los encuentras. Saluda como lo haces con tus vecinos. Como lo haces con tus amigos. Eso es todo.

Mejor con una sonrisa

Sonreír es fantástico. Quiere decir muchas cosas. Quiere decir que tienes una gran actitud. Quiere decir que quieres contagiársela al resto.

Tu sonrisa es un semáforo en verde. Pasa y pregunta lo que quieras. Estoy encantado de hablar, de contestar, de compartir. ¡Adelante!

¿Cómo es la vida de los demás?

Interésate por los demás. Pregunta. Ve más allá del trabajo. ¿Qué haces en tu tiempo libre? ¿Cuáles son tus hobbies? ¿Qué libros lees? ¿Qué películas te gustan más?... La lista es interminable. Utilízala.

Nos gusta hablar de nuestras cosas. Nos encanta que la gente se preocupe por nosotros. Que muestren interés. En el fondo, es una demostración de aprecio. Nos gusta sentirnos queridos. Nos sentimos mejor. Hace que las cosas sean más fáciles.

Puedes hacer cosas sencillas como éstas. Saludar, sonreír y preguntar son buenas recomendaciones. Es una buena forma de mejorar el ambiente. Es sencillo, es básico y es potente. Cuando sabes hacerlo, no necesitas mucho más.

Después, puedes hacer más cosas si quieres. Puedes pintarte la cara, jugar a la guerra y disparar balas de pintura.

Lección nº 65: Crear un buen ambiente es fácil, pero depende de ti. Hazlo.

CAPÍTULO 6

Vestido De Etiqueta

"Los productos se hacen en las fábricas, pero las marcas se crean en la mente".

-Leo Burnett

Lección 66

No Me Gusta Tu Tarjeta

La situación es la siguiente:

Has realizado el esfuerzo de tu vida y acabas de comprarte un piso. La luz es fantástica y el sitio es inmejorable, pero necesita algunas reformas.

Empiezas a informarte sobre quién puede hacerte el trabajo. Tienes unos cuantos nombres de proveedores que has sacado de las páginas amarillas.

Por fin, la primera reunión para contar qué es lo que te gustaría hacer y empezar a sondear presupuestos. El proveedor potencial te entrega su tarjeta y.....booooooom.

Primera Impresión

Lo que ves en la tarjeta no te gusta: construcciones Pérez, un dibujo feo con mala resolución y la cuenta de correo electrónico "perez657@yahoo.es". Te preguntas porqué no se llamará "Tus Mil Reformas", porque no tendrá un elegante logotipo de texto y porqué no utilizará una cuenta de correo mucho más profesional. Una cuenta de correo del estilo "jorge.perez@tusmilreformas.es". Es sencillo, ¿no? Entonces, ¿por qué no lo hace?

Lo primero que piensas es que, si no es capaz de preocuparse por su tarjeta de presentación, porqué iba a hacerlo por tu reforma. Al final, lo desestimas porque no quieres que tu dormitorio termine en medio del salón.

¿Cuántas veces ocurre esto con pequeño negocios? Muchas más de las que parecen razonables.

¿Por qué? Por un profundo desconocimiento de lo que es una Marca y cómo puede influir en tu negocio.

Otra situación

Imagina otra situación. Has quedado por primera vez con la chica guapa de tu pandilla. Quieres causarle la mejor impresión posible para que la cita se repita muchas más veces. Para conseguirlo, decides presentarte con barba de tres días, despeinado, sin duchar y con una camisa llena de manchas de aceite. ¿Cuál crees que podrá ser el resultado?

Pasará de ti. ¿Cómo no va hacerlo? Interpretará tu falta de higiene como una falta de respeto.

¿Qué mensaje le estás mandando? No me importas lo suficiente como para haberme arreglado lo más mínimo. ¿El resultado? Previsible. ¡ADIÓS!

¿Ves alguna diferencia entre la cita con la chica guapa de tu pandilla y la reunión con el posible proveedor?

¿Cuál es la diferencia?

Si la ves, piénsalo otra vez. No hay ninguna. Es lo mismo. ¿Por qué iba a ser diferente? Hasta donde yo sé, los negocios viven de sus clientes y, si las cosas no cambian mucho, parece que esta tendencia se mantendrá en el próximo milenio.

Entonces, ¿por qué somos capaces de verlo tan claramente cuando nos lo llevamos al terreno personal y nos cuesta tanto verlo con nuestro propio negocio?

Si hay un momento en el que tienes que causar la mejor impresión es siempre. Sí, siempre. Los clientes hacen negocios con aquellos que conocen, les gustan y confían. Haz todo lo posible para gustarles. Si no es así, no conseguirás nunca su confianza o la perderás en cuestión de segundos.

¿Cuál es el primer paso? Tu marca. Empieza a pensar en ella como el soporte de todo lo que quieres transmitir a tus clientes.

¿Quieres parecerles poco profesional, amateur, con falta de capacitación,...? Es fácil, no cuides tu marca, no cuides los elementos que utilizas para transmitirla.

¿Quieres transmitir la idea de tu negocio, la diferencia respecto al resto, la dedicación por tus clientes,...? Empieza por definirlo todo claramente, construye tu marca y sus elementos (logo, eslogan, colores y formas corporativos,...) y comunícalos de forma consistente en un radio de acción 360º.

Causa siempre la mejor impresión. La impresión que quieren recibir aquéllos que son susceptibles de necesitar tus productos o servicios.

Una tarjeta poco cuidada, un logo sin sentido, una argumentación pobre o cualquier otro error en cualquier elemento que te represente va contra la última línea de tu cuenta de resultados. La línea que más duele, la de los beneficios.

Lección nº 66: Tu marca es tu presentación al mundo. Cuando no la has trabajado suficientemente no resultas atractivo.

Lección 67

Pastillas Milagrosas

Seguramente has oído hablar de él. El Efecto Placebo se produce cuando algún elemento sin valor terapéutico hace que te sientas mejor.

Pueden ser pastillas, jarabes, vacunas,... Da lo mismo. El efecto funciona utilizando distintas fórmulas.

La lógica es interesante. El hecho de pensar que algo puede producir un efecto positivo es suficiente para producirlo.

Los placebos se utilizan en medicina. Solucionan problemas. Curan gente. Ése es el poder de la mente.

También se utilizan en otras áreas. El mecanismo siempre es el mismo. En el centro, tu mente. Después, las consecuencias.

Tu marketing también se puede aprovechar de este efecto. Tu marketing puede entender cómo funciona, conocer sus efectos y aplicarlos.

El nombre importa

Sí, las cosas no son iguales aunque sean iguales. El nombre importa. El nombre diferencia. El nombre tiene implicaciones.

El Efecto Placebo de una pastilla sin nombre es inferior al Efecto Placebo de una pastilla con marca.

La marca tiene implicaciones. La marca mejora los resultados. La marca mejora la satisfacción de los pacientes. También, mejora la satisfacción de los clientes.

Las pastillas sin marca no son iguales a las pastillas con marca. Los productos sin marca no son iguales a los productos con marca.

Es así. La marca crea expectativas. Tu cabeza las materializa.

El precio tiene efectos curativos

Sí, es así. Pero no todos los precios curan igual. Las pastillas más baratas tienen un Efecto Placebo menor que las pastillas más caras.

Parece que los precios altos curan más que los bajos. Tu mente valora más las pastillas que cuestan más. Hay una asociación precio-resultado. Más precio, mejores resultados.

Es la misma asociación que tus clientes realizan con los productos. Más precio, mejores resultados.

Cuando no vale cualquier resultado, no vale cualquier precio. Asegúrate de que tu producto tiene un precio lo suficientemente alto como para convencer a tus clientes.

Las ventajas de una buena imagen

Las pastillas también se aprovechan de las ventajas de una buena imagen.

Las pastillas con cajas más cuidadas y look más profesional tienen un Efecto Placebo superior a las pastillas con envases simples.

La imagen ayuda. Transmite confianza y mejora la percepción. Cuando el efecto es profesional, las probabilidades de cura aumentan.

La asociación es sencilla. Si tiene una buena imagen, tiene que ser un buen producto. Mejor imagen, mejor producto.

Tu compañía, tus marcas, tus productos siguen este principio. Tú también sigues este principio. Mejor imagen, mejor producto, mejores resultados.

La importancia de la marca, del precio y de la imagen son 3 cosas sorprendentes que puedes aprender del Efecto Placebo.

Tres cosas sorprendentes que debes recordar siempre. Tres cosas sorprendentes que debes tener siempre presente en tu marketing.

Lección nº 67: Los productos que cuidan los distintos elementos de su marca venden mucho más.

Lección 68

Tu Personalidad Determina
Tus Resultados

Has asistido a una entrevista de trabajo. Te entregan un formulario y te hacen pasar a una habitación para rellenarlo. En la habitación no hay nadie, eliges una silla, te sientas y empiezas a rellenar casillas.

Va pasando el tiempo y avanzas a buen ritmo. Una pregunta, otra,... De repente, notas un olor extraño. Levantas tu mirada y observas un pequeño hilo de humo que se cuela por la puerta. Te extrañas. Te levantas y te diriges hacia el humo. Haces una rápida inspección. El humo es cada vez más intenso.

Un momento de reflexión. "El humo no es bueno". Actúas. Coges tus cosas y sales rápidamente de la habitación.

¿Qué te parece? ¿Es una reacción lógica? Seguro. Todos habríamos actuado así. Detectamos algo raro, algo que puede ser peligroso, y nuestro instinto de supervivencia se pone a funcionar. Tiene sentido.

Otro escenario

Imagina una nueva situación. La escena se repite. Todo se mantiene. Ahora, la única diferencia es que ya no estás sólo en la habitación. Hay una serie de personas que te acompañan y que rellenan el mismo formulario.

Hasta ahí, todo normal. Como en la situación anterior, empieza a colarse un hilo de humo por debajo de la puerta. Notas el olor. Miras y ves el humo blanco que empieza a inundar la habitación.

En la primera situación, te levantabas e inspeccionabas qué estaba pasando. ¿Ahora? Ahora es diferente. Tu primera reacción: mirar a tus compañeros. Ellos no prestan atención y siguen escribiendo. Pones cara de sorpresa, vuelves a mirar (todos están tranquilos) y te pones a escribir de nuevo.

Unos segundos más tarde, vuelves a levantar la mirada. Compruebas que el humo sigue entrando. Miras a derecha e izquierda. Nada. Tus compañeros siguen rellenando el formulario tranquilamente. Aunque un poco más nervioso, vuelves a tu formulario.

La situación se repite. Entonces, decides preguntar a uno de tus compañeros por el humo. Te mira con gesto de sorpresa y te dice: ¡Ah! No te preocupes. No es nada. Vuelve sobre su formulario.

Tú sigues contrariado. Te quedas reflexionando. Piensas un segundo y vuelves a escribir. Escribes y piensas... Pasan unos instantes. La habitación sigue llenándose de humo. Finalmente, te levantas, coges tus cosas y sales de la habitación.

La diferencia

El tiempo que transcurre entre la aparición del humo y el abandono de la habitación es distinto en las dos situaciones. En la primera, cuando estás solo, la reacción es inmediata. Adviertes el peligro. Evalúas la situación. Tomas la decisión correcta.

En la segunda, cuando estás acompañado, la reacción es muchísimo más lenta. Pueden pasar bastantes minutos (5 ó 6 minutos) hasta que la persona en cuestión decide abandonar la habitación.

Ésta es una de las muchas versiones que se han realizado del famoso experimento de Asch. Solomon Asch diseñó en 1951 este experimento para investigar hasta qué punto la presión social y opinión de los demás puede afectar a nuestro comportamiento.

Como demuestra el experimento, tendemos a seguir lo que hacen los demás. La manera de actuar y las opiniones de los demás nos afectan. De hecho, nos afectan hasta tal punto que somos capaces de tomar decisiones tan estúpidas como quedarnos en una habitación llena de humo.

No tiene sentido. No tiene sentido no ser tú. ¿Por qué seguir la opinión de otros? ¿Por qué no seguir la nuestra?

¡Sé Tú Mismo! No te dejes llevar por los demás. Que no te arrastre el pensamiento oficial. No es correcto. No es inteligente. No es divertido.

Lección nº 68: Cuanta más personalidad tenga tu marca, cuanto más "Tú" seas, mejores resultados conseguirás.

Lección 69

¿Recuerdas Algo?

El nombre de tu negocio es importante. Dice muchas cosas de ti. Ayuda a que los demás te recuerden.

El nombre de tu negocio funciona igual que tu nombre. Conoces a alguien nuevo. Te presentan. Intercambias unas cuantas palabras. Das algo de información.

¿Luego? Luego... sólo queda el recuerdo de tu nombre.

Si el recuerdo no es potente, adiós. Así son las cosas. Si has dejado huella, todo es diferente. Te has ganado un hueco en la mente del otro. Eso está bien.

Un experimento interesante y primeras conclusiones

En 1986, Gillian Cohen y Dorothy Faulkner llevaron a cabo un experimento interesante. Entregaron biografías falsas a una serie de personas.

Las biografías recogían datos simples. Nombre, apellido, lugar de nacimiento,...

Les pidieron a los participantes en el experimento que recordasen. Que intentaran recordar tantos datos como pudiesen.

Los resultados fueron los siguientes: 69% trabajo, 68% hobbies, 62% lugar de nacimiento, 31% nombre, 30% apellido.

Primeras conclusiones: el nombre o el apellido era lo menos recordado. No es una buena noticia. Cuando no consigues que recuerden tu nombre, dejas algo. Pierdes posibilidades de interacción.

El significado de las cosas puede ayudarte

La gente no recuerda los nombres. Es así. Por lo general, no significan nada. No hay conexión nombre-persona.

Sin conexión es más difícil el recuerdo. En tu negocio pasa lo mismo. Si tu nombre no significa nada, la conexión es complicada.

Los nombres son distintos cuando significan algo. Piensa en "Maguila Gorila". Es un nombre. Tiene significado. Cuando lo escuchas formas una idea en la cabeza. Un gorila.

Las imágenes son más potentes que las palabras. Se quedan más tiempo. Se recuerdan más.

Si tu nombre explica algo o significa algo, tiene más probabilidades de ser recordado.

Cuando hay coherencia, el efecto es mayor

Un nombre que significa algo está bien. Es el primer paso. Pero debe tener más cosas.

"Maguila Gorila" es un buen nombre. Puede ser mucho mejor si es coherente.

La situación es la siguiente:

Alguien se llama Maguila Gorila. Es un hombre. Es gracioso pero no es coherente. La conexión es limitada.

Alguien se llama Maguila Gorila. Es un gorila. Es gracioso y es coherente. La conexión es muy fuerte y el recuerdo también.

La coherencia ayuda. Aumenta el poder del recuerdo. Lo fija en la mente.

Todavía puedes conseguir más

No es suficiente. Todos los nombres no son iguales. Todos los nombres no impactan de la misma forma. Todos los nombres no se recuerdan igual.

Hay nombres que explican cosas. Que son coherentes con la persona. Que... Pero son aburridos. Los nombres aburridos se recuerdan menos.

"Maguila Gorila" es un gran nombre. Es divertido. Tiene rima. Tiene ritmo (mismas sílabas). Funciona.

Hay muchas maneras de dar con un gran nombre para tu negocio. Sólo tienes que entender su importancia y buscar la metodología.

El nombre de tu negocio es un elemento fundamental. Es la primera conexión. A partir de ahí, puede haber más.

Lección nº 69: ¿Por qué debería preocuparme el nombre de mi negocio? Porque sin un buen nombre no hay recuerdo. Sin un buen nombre no existes.

Lección 70

Nombres Inolvidables

Decidir el nombre de una marca es importante. No vale cualquier cosa. Cuando lo has decidido, tu empresa o tu producto llevará ese nombre durante mucho tiempo. Merece la pena que le dediques tiempo y cariño.

Hay muchos tipos de nombres. Hay muchos tipos de compañías. Los mejores nombres no son los más divertidos. Los mejores nombres son los que expresan mejor tu personalidad. Quién eres. Qué haces,... Cuando se produce la conexión, has dado con el nombre adecuado.

Algunos tienen suerte y dan con un gran nombre rápidamente. Steve Jobs pensó en Apple Computers cuando viajaba en coche con su socio Steve Wozniak. Virgin surgió cuando alguien en la compañía apuntó que estaban muy "vírgenes" en temas de negocios...

A otros les cuesta algo más. Tienen que trabajar más tiempo hasta que dan con el nombre adecuado. Da lo mismo. Si el nombre es bueno, todos los caminos son correctos.

Algunas Fórmulas

Hay algunos métodos que te pueden ayudar. Te ayudan a organizar las ideas y te permiten probar distintos tipos de nombres-marcas.

1.- Nombres que incluyen el beneficio. Esta forma de construir tu marca es muy potente. Directamente, en tu presentación, ya estás comunicando cuál es el beneficio de comprar tu producto o servicio. Ejemplos: Securitas, Duracell, Línea Directa Aseguradora,...

2.- Nombres que no significan nada. Tienen un cierto riesgo. Nunca sabes como van a funcionar. Es difícil establecer relación entre el nombre y el producto. Tienen más fuerza cuando producen una cierta contradicción (Häagens Dazs/helados). Ejemplos: Exxon, Intel, Compaq,...

3.- Nombres que combinan un nombre y una actividad. Incorpora un componente de narcisismo a la marca. Cuando la persona que da el nombre a la marca no es conocida, pierde impacto y no es demasiado recomendable. Es el típico recurso utilizado en sectores como la consultoría. Ejemplos: Boston Consulting Group,...

4.- Nombres que combinan los nombres de los fundadores. Es una de las fórmulas más utilizadas por los pequeños negocios. "Hijos de...", "Tal y Tal asociados",... Es agradable para los fundadores, pero aportan poco al negocio. A menos que tu ego no lo resista, huye de ellos. Ejemplos: Johnson & Johnson, Hewlett-Packard,...

5.- Nombres que utilizan la aliteración. Es una fórmula fantástica para ganarte la mente del consumidor. La aliteración se recuerda. Es notoria. Si consigues combinarla con algún otro elemento que te identifique, tienes una marca ganadora. Ejemplos: Pay Pal, Kit kat, Dunkin´ Donuts,...

6.- Nombres que utilizan la rima. Son muy parecidos a los anteriores. En algunas ocasiones, incorporan aliteración y rima. Son como la música pegadiza. No te los puedes quitar de la cabeza. No sabes porqué, pero siempre están ahí. Ejemplos: Coca Cola, YouTube,...

7.- Nombres que utilizan una combinación de palabras. Suelen tener un impacto muy fuerte. La combinación de palabras crea palabras nuevas. Son notorios. Se recuerdan con facilidad. Además, incorporan varios significados. Son ricos en contenido. Ejemplos: Facebook, Microsoft, Photoshop,...

8.- Nombres que utilizan iniciales. Es todo un clásico. Por lo general, plantean los mismos problemas que los nombres de los fundadores. No se entienden. No transmiten gran cosa. Cuando se llega a las iniciales por evolución, es distinto. La marca ya es conocida. Al dejar las iniciales se simplifica (International Business Machines / IBM). Ejemplos: AOL, CNN, BMW, BBDO,...

9.- Nombres que utilizan el humor. El humor es parte de nuestras vidas. Nos ayuda a conectar. Facilita las relaciones. En las marcas también funciona. Si tu marca tiene una personalidad desenfadada, el humor te puede ayudar. ¡Cuidado! Si tienes dudas, no lo utilices. La asociación es muy fuerte. Ejemplos: Banana Republic, Voodoo Doughnuts, Erektus, Dave´s Insanity Sauce,...

Ya no hay excusa para que tu nombre sea gris. No vale cualquier cosa. Tienes muchas herramientas para dar con el nombre ideal. Utilízalas. Desarrolla tantos nombres como te parezca oportuno. Pide opinión. Contrástalos. Depura y quédate con el mejor. El que mejor te represente.

Lección nº 70: Elige la fórmula que te tenga más sentido para ti y construye un nombre memorable para tu marca.

Lección 71

Las Grandes Marcas Tienen Grandes Símbolos

Si te preguntasen cuál es la imagen que mejor representa a Venecia, en el 99% de las ocasiones, sin duda alguna, dirías que es la góndola.

¿Por qué? Porque la góndola es un elemento único. Un elemento que se asocia con una característica fundamental de Venecia: el agua. Además, es un elemento que se recuerda con facilidad.

La góndola hace que una marca como Venecia sea una marca mucho más reconocida en el mundo. La góndola es un símbolo tremendamente potente.

Para construir marcas tan potentes como la marca "Venecia", tienes que encontrar los símbolos de tu compañía.

¿Cómo puedes hacerlo? Intenta que sean elementos únicos. Elementos que no se puedan copiar con facilidad.

Asegúrate de que conectan con un elemento fundamental de tu negocio o de tu compañía. Esa característica que te diferencia. Piensa en las góndolas. Las góndolas conectan Venecia con el agua. Ésa es la diferencia.

Finalmente, tiene que ser algo que todos puedan recordar. Algo fácil. Sin complicaciones. La gente recuerda con facilidad las góndolas, los gondoleros, toda la parafernalia que rodea la imagen de Venecia.

Merece la pena que busques esos elementos dentro de tu compañía.

Lección nº 71: Las grandes marcas tienen grandes símbolos que les identifican y les diferencian.

Lección 72

Saltarse Las Reglas No Está Tan Mal

Todos están de acuerdo en que el logo es un elemento importante de tu imagen. Es parte de tu cara. Parte de la manera en la que te presentas al mundo.

Lo primero que ven es tu logo. Luego, debe haber mucho más. Pero si tu logo no les convence, quizá no le presten demasiada atención.

El "Sí o Sí" de tu logo

Hay toda una teoría alrededor. El logo debe respetar unas características. Debe ser simple y evitar confusión. Debe ser escalable para que funcione bien con distintos tamaños. Debe ser coherente con lo que quiere transmitir tu compañía...

Pero, por encima de todo, tu logo tiene que ser consistente. Tiene que presentarse siempre de la misma manera para dejar una huella en tu público, para que te identifiquen y puedan recordarte.

El mundo está lleno de recetas

Tiene que ser así. Vivimos en un mundo complejo. Cuando das con una receta, simplificas las cosas. Haces que todo sea más fácil.

Las recetas nos dan tranquilidad. Nos permiten ordenar lo que nos rodea. ¿Tienes un problema? Aplicas una receta. Consigues un resultado. Adiós a la ansiedad.

El sistema funciona, pero tiene sus limitaciones. Las recetas o las reglas facilitan las cosas. Eso está bien. Pero también estandarizan demasiado, eliminan diferencias y lo igualan casi todo. Bueno... es lógico. Ésa es la función de las recetas. Que todo tenga unas características similares. Esa es su fortaleza. También puede ser su debilidad.

Más posibilidades

Las recetas o las reglas son importantes, pero hay vida más allá. Hay que conocerlas. Cuando no lo haces, corres el riesgo de hacer tonterías.

¿Seguirlas siempre? Es tu decisión. Si lo haces, estarás tranquilo, pero es probable que le quites algo de excitación a tu vida y a tu negocio.

Algunos no lo hacen. Google aplica pocas recetas. Seguramente, las conoce todas, pero es capaz de ir más allá y crear las suyas propias.

También lo hace con su logo. Es fantástico y lo reconoce todo el mundo. Es parte de su identidad. Pero ha decidido jugar con él y funciona. Ha sido valiente. Ha dejado de ser consistente. Ahora, puedes encontrar una versión diaria de su logo cada vez que abres el buscador.

No pasa nada. No estropea nada. No elimina nada. Ha hecho algo diferente y ha conseguido un logo más divertido. Su imagen es más divertida.

Lección nº 72: A veces, tiene sentido no aplicar demasiadas recetas y poner un poco de sal en tu logo. También en tu negocio. Te hace diferente. Te puede hacer único.

Lección 73

¿Cómo Vistes?

¡Gran Pregunta!

Si piensas que da lo mismo, te estás dejando algo. El vestido importa. Tu imagen importa. La forma en la que te relacionas con tus clientes importa. Todo importa.

Puedes contestar esta pregunta desde tres puntos de vista:

Punto de vista del cliente. Te debes vestir como quieren tus clientes. Este punto de vista da el control a los clientes. Ellos marcan las pautas. Ellos deciden cómo deberías vestirte. Ellos deciden todo.

Obsérvales. Imítales. Mimetízate con su forma de ser y de vestir. Puede tener sentido. Los clientes son la razón de ser. Puede tener problemas. Pierdes tu personalidad.

Punto de vista neutro. Viste para no hacer daño. Viste para no tener impacto. Pasas desapercibido. Nadie opina. Nadie se siente incómodo. No molestas.

La gran ventaja de este punto de vista es que no tiene impacto alguno. El gran problema de este punto de vista es que no tiene impacto alguno.

Punto de vista tuyo. Tú eres quien eres. Tienes tu personalidad. Lo que haces lleva tu marca. Tu manera de actuar lleva tu marca. Tu forma de vestir también.

Cuando vistes como eres, estás proyectando tu imagen. Proyectas tu marca. Es una especie de reclamo. El que se siente atraído acude. Los que no tienen interés pasan.

Hay gente para todo. Algunos se sentirán mejor con un enfoque. Otros con otro. Yo creo que el último enfoque es el más adecuado. Los negocios van más allá de vender y comprar algo. Son conexión. Cuando conectas, las cosas funcionan mejor. Tus clientes se sienten más cómodos. Todo es natural. Cuando no conectas, todo es más difícil.

Tu forma de vestir es parte de tu personalidad. Es parte de tu capacidad para conectar. Cuando eres tú, hay posibilidad de relación con tu mercado. Si eres otro, sólo hay transacción.

Lección 73: Viste como eres. No intentes ser otra cosa. No funciona.

Lección 74

El Factor NO-GO

Hace un tiempo, leyendo "Customer Rocks", encontré un artículo divertido. Becky Carroll, la autora, habla de la importancia de los cuartos de baño en la imagen de las empresas. Todo lo que un cuarto de baño puede contar sobre sus dueños.

El artículo estaba lleno de fotografías de cuartos de baño de hotel que Becky ha ido tomando mientras estaba de gira promocionando su libro. ¿La idea del artículo? Invitar a la audiencia a que ligue la imagen del cuarto de baño con la imagen de las cadenas hoteleras. Todo tiene relación, todo tiene que ser coherente y, al final, la imagen de baño y hotel deben coincidir.

El artículo es curioso y te hace reflexionar sobre el tremendo impacto que tienen algunos elementos en la gestión de tu negocio.

Temas importantes

Algunos los llaman "Momentos de la Verdad". Éste es un término que acuñó Jan Carlzon (presidente de la compañía área SAS) en su libro del mismo nombre. Carlzon dice que hay unos momentos (elementos) específicos en cada negocio que tienen un impacto muy fuerte sobre tus clientes. Por lo general, durante esos momentos se transmite una idea de tu negocio que es difícil cambiar.

La obligación de todas las compañías es identificar esos elementos y gestionarlos de tal manera que no dejes nada al azar. De forma que te asegures el control sobre el impacto. Cuando lo consigues, mejoras la satisfacción del consumidor y refuerzas el contacto.

El Factor NO-GO

En mis años de multinacional, utilizábamos la expresión GO o NO-GO para hacer referencia a aquellos momentos en los que había que tomar decisiones. ¿Se dan las circunstancias apropiadas? ¿Seguimos con el proyecto? ¿Sí? GO. ¿No? NO-GO.

Un solo elemento podía dar al traste con todo. Si no estaba presente o sus características no eran las adecuadas, NO-GO.

La diferencia entre los momentos de la verdad y los elementos NO-GO es simple. Los momentos de la verdad son varios y pueden incluir elementos NO-GO. Por su parte, los NO-GO son únicos. Cuando están presentes, no sigues con el análisis. Cuando están presentes tu producto o servicio se descarta.

Los cuartos de baño y los negocios

Los cuartos de baño son un elemento NO-GO. ¿Qué piensas cuando entras en el servicio de un restaurante y no está lo suficientemente limpio? ¿Qué harías si el cuarto de baño del hotel donde te alojas está sucio o tiene manchas negras de humedad?

¿Sí, cuál sería tu reacción? Seguramente te irías. Pensarías que es asqueroso y te marcharías. ¿Por qué? Porque es inaceptable. Porque determinados elementos en determinados sectores tienen que ser perfectos y de ahí para arriba. Porque el cuarto de baño es un elemento NO-GO.

Creo que no pensamos lo suficiente en este tipo de situaciones. No somos conscientes de las consecuencias que puede tener para nuestro negocio.

Lección nº 74: Identifica los "cuartos de baño" de tu negocio y haz que tu factor NO-GO sea cero.

CAPÍTULO 7

Sí, Sí,…, Se Oye, Se Oye

"El hombre que corta la publicidad para ahorrar dinero es como el hombre que para el reloj para ahorrar tiempo".

-Anónimo

Lección 75

Aprendemos Por Repetición

En un estudio publicado en el "Journal of Experimental Psychology", los psicólogos Catherine Fritz y Peter Morris sugieren que la repetición ayuda al aprendizaje.

Grupos de 9 estudiantes se sentaban en círculos. Uno de ellos decía su nombre. A partir de ahí, el resto iba repitiendo ese nombre y añadía el suyo. Así sucesivamente hasta completar el círculo.

El ejercicio se repetía, empezando en cada ocasión por un nuevo estudiante. Cuantas más veces realizaban el ejercicio, mejor recordaban los nombres.

Los resultados son interesantes. Los estudiantes eran capaces de recordar el 75% de los nombres 30 minutos más tarde. Después de dos semanas, podían recordar el 40%. A los 11 meses, todavía recordaban el 27% de los nombres.

Éste es uno de los muchos experimentos que se han realizado para estudiar los efectos de la repetición. Todos conectan la repetición y el aprendizaje.

Aprendemos por repetición. También por más cosas, pero la repetición es una parte fundamental de nuestro aprendizaje.

Primero oyes o ves algo. Es nuevo. Desconocido. Después lo vuelves a ver. Empiezas a reconocer el patrón. Una vez más. Otra. Otra... Al final identificas el objeto, idea, cara,...

Tu negocio es parecido

Tu negocio no es diferente. Sigue el mismo esquema.

Si quieres que te reconozcan, que te identifiquen, tienes que repetir. Tienes que ser constante y repetir una y otra vez.

Elige qué quieres ser, qué quieres hacer y díselo al mundo. Díselo tantas veces como puedas. No cambies el discurso. El secreto consiste en decir lo mismo muchas veces. Tantas como sean necesarias para que lo entiendan. Para que lo recuerden.

Tienes que ser consistente. Tienes que repetir.

¿Cuándo funciona tu comunicación?

Funciona cuando eliminas todo lo que mete ruido. Funciona cuando te quedas con un solo mensaje. Funciona cuando lo repites.

No caigas en la tentación de decir más cosas. No te disperses con otros temas más fáciles. No hagas nada distinto a repetir siempre tu mensaje. No merece la pena.

Cuando no repites, puede ser divertido. Puedes aumentar tus seguidores. No tengo claro que sirva de mucho.

La repetición es tu mejor comunicación. A veces, es lenta. A veces, no engancha tanto como te gustaría. Hay otras maneras de hacerlo, pero no son tan buenas.

Lección nº 75: La comunicación consiste en elegir un mensaje y repetirlo, repetirlo, repetirlo,...

Lección 76

La Palabra "Pequeño" Es
Del Escarabajo

No es la campaña. No es la creatividad. No es el diseño. No es la planificación. No es...

"Think Small" es una de las grandes campañas de publicidad de todos los tiempos. Todo el mundo la conoce. Convirtió al Escarabajo de Volkswagen en un fenómeno mundial. En el coche pequeño por excelencia.

Todos hablan de la campaña. De la creatividad. De sus virtudes. De todo lo que hizo por la marca y por el coche. Bla, bla, bla. Todos hablan de todo menos de lo más importante.

La decisión

El Beetle de Volkswagen fue lo que fue porque decidió serlo.

¿La creatividad, la campaña, la...? Claro, todo fantástico. No puede ser de otra manera. Pero el mundo está lleno de campañas fantásticas. Campañas que son eso, fantásticas. Campañas que no cambian nada.

Volkswagen cambió el escenario. El Escarabajo decidió ser "el coche pequeño".

¿Había coches pequeños? Había cientos de coches pequeños (Positioning- Al Ries y Jack Trout). Coches que consumían menos. Coches que eran más manejables. Coches que...

Ser pequeño es suficiente razón

Había cientos de coches pequeños que no se sentían pequeños. Eran muchas otras cosas, pero no eran pequeños.

El Escarabajo decidió ser pequeño y se lo contó a todos. También era muchas más cosas. Pero era, fundamentalmente, pequeño.

A partir de ahí, se acabó. El Escarabajo se quedó con la palabra. Se quedó con el concepto. "Pequeño" es un sitio muy reducido para que quepan muchos competidores.

Ahora podemos hablar de la campaña. De la creatividad. De todo lo que nos parezca oportuno. Podemos hablar tanto como queramos. Pero todo es diferente porque El Escarabajo decidió ser pequeño y lo dijo.

Lección nº 76: Hazte con una idea y quédatela. Cuando es tuya, ya no es de otro.

Lección 77

¿Dónde Puedo Aprender Balleno?

¿Has visto "Buscando a Nemo"? Es una gran película. Casi todas las de Pixar lo son. Gran argumento, mucha acción, un montón de personajes y un final feliz. ¿Qué más se puede pedir?

La película es fantástica. Todo lo que ocurre es divertido. Pero hay una secuencia que me gusta especialmente. El papá de Nemo, Marlin, y Dory tienen un encuentro con una ballena. La situación se complica. Marlin intenta liberarse pero no lo consigue. Finalmente, Dory empieza a hablar en "balleno" y convence al animal para que les lleve a Sydney.

La secuencia es muy entretenida y la moraleja potente. Dory consigue su objetivo hablando en "balleno". Hablando en el idioma que la ballena entiende.

Para conseguir lo que uno quiere hay que hablar el idioma de los demás. El idioma que todos entienden.

¿Cuál es tu idioma?

¿Por qué se nos olvida con tanta frecuencia? ¿Por qué no hablamos el idioma de los demás? ¿Por qué no hablamos "humano"?

No hablan humano las páginas Web que no se pueden navegar. Que utilizan una letra pequeña. Que justifican los textos. Que esconden los links. Que llenan todo de cosas moviéndose. Que...

No hablan humano las instrucciones de uso. Gana el que escribe el librito más gordo. Gana el que utiliza el lenguaje más técnico. Gana el que consigue que ninguno de sus usuarios lea las instrucciones. Gana el que...

No hablan humano los libros que se miran el ombligo. Que utilizan palabras que no aparecen en ningún sitio. Que te hacen parecer tonto. Que rellenan cientos de páginas para contarte algo que podían haberte contado en una. Que...

No hablan humano las sentencias de los jueces. Párrafos y párrafos de jerga legal en un idioma extraño. ¿Miedo? ¿Corporativismo? ¿Por qué no se puede entender una sentencia sin tener que echar mano de un traductor?

No hablan humano las universidades que no miran lo que ocurre fuera. Muchos años. Mucha teoría. Créditos de todo tipo. Esfuerzo y dedicación. ¿La Conexión? ¿La conexión con la sociedad? ¿Dónde está?

....

No hablan humano los negocios que hablan su propio idioma. Nuestra normativa dice... Cerramos a las... No podemos pedirlo antes.... Entiendo lo que dice, pero... No hablan humano y no se comunican con sus clientes. ¿Para qué montas un negocio si no es para comunicarte con ellos?

Hablar humano no es una ventaja. Hablar humano es una exigencia. Vivimos en un mundo de relaciones y sólo se relacionan los que hablan el mismo idioma.

Lección nº 77: Habla el mismo idioma que hablan tus clientes o se irán con otro al que entiendan mejor.

Lección 78

¿Qué Es Mucho Mejor
Que "Yo"?

Abres el periódico un sábado por la mañana. Lees las noticias. Política, economía, internacional,... Llega el turno de la publicidad. Repasas el anuncio.

"Somos una laboratorio con más de 20 años de historia a nuestras espaldas. Nuestros profesionales tienen un gran prestigio en el sector y, fruto de ello, hemos recibido premios en distintos ámbitos.

Durante mucho tiempo hemos estudiado el fenómeno de las migrañas y, después de tanto esfuerzo, hemos dado con el producto definitivo. Nuestros clientes nos lo agradecen.

Nuestras pastillas convierten las migrañas en un mal recuerdo."

¿Qué te parece? ¿Alguna conclusión? ¿Algún detalle a comentar? ¿Algo que te parezca curioso?

Otra opción

Sigues leyendo el periódico. Más noticias. Otro anuncio. Es el mismo anuncio que acabas de leer redactado de otra manera. Échale un vistazo a este nuevo enfoque y compara.

"¿Cuál es tu problema? ¿Tienes dolores constantes? ¿Tus molestias no te dejan dormir? ¿No puedes pensar con claridad? Tranquilo, no eres el único. Muchos están en tu misma situación. Las migrañas afectan a gente como tú y te hacen la vida más complicada.

Ahora, puedes encontrar la solución a tus problemas. Otros como tú ya lo han hecho. Consume estas pastillas y tus migrañas serán algo del pasado."

¿Te sugiere algo? ¿Ves la diferencia? Si te cuesta un poco, lee las versiones que he preparado. Presta atención a las palabras resaltadas en negrita.

Primera versión

"**Somos** una laboratorio con más de 20 años de historia a **nuestras** espaldas. **Nuestros** profesionales tienen un gran prestigio en el sector y fruto de ello **hemos** recibido premios en distintos ámbitos.

Durante mucho tiempo **hemos** estudiado el fenómeno de las migrañas y, después de tanto esfuerzo, **hemos** dado con el producto definitivo. **Nuestros** clientes nos lo agradecen.

Nuestras pastillas convierten las migrañas en un mal recuerdo."

Segunda Versión

"¿Cuál es **tu** problema? ¿**Tienes** dolores constantes? ¿**Tus** molestias no **te** dejan dormir? ¿No **puedes** pensar con claridad? Tranquilo, no **eres** el único. Muchos están en tu misma situación. Las migrañas afectan a gente como **tú** y **te** hacen la vida más complicada.

Ahora, **puedes** encontrar la solución a **tus** problemas. Otros como **tú** ya lo han hecho. Consume estas pastillas y **tus** migrañas serán algo del pasado."

Conclusión

¿Diferentes? Absolutamente diferentes. Los enfoques no tienen nada que ver.

La primera versión habla desde el punto de vista del negocio: "Nosotros". Utiliza constantemente la primera persona del plural. No se dirige a sus clientes. Explica cuánto tiempo llevan en el mercado, lo fantásticos que son y los premios que reciben. ¿Y...?

La segunda versión se sitúa en el otro extremo. No utiliza nunca la primera persona. No utiliza el punto de vista del negocio. Todo es "tú, te, eres, puedes,...". Todo es segunda persona. Se dirige a su mercado. Se preocupa por el problema de su cliente. Te da una solución. Quiere que resuelvas tu problema.

¿Cuál te parece más acertada? No hay duda. La segunda. ¿Por qué? Imagina la siguiente situación. Estás en una reunión de amigos. Uno de ellos acapara toda la atención. Habla constantemente. Porque yo.... Es que yo.... Cuando yo... Si no es por mí... Yo, Yo, Yo,... ¿Qué opinión te formarías? Seguramente, te parecería insufrible.

Ahora, vamos a probar el otro enfoque. Esta persona ya no habla de sí misma. Habla de ti. Te pregunta. Se interesa por tus cosas. Te escucha. Le preocupan tus problemas. Los entiende. Te busca una solución. Te la ofrece.

¿Hay dudas sobre el enfoque?... Los negocios son igual. Tu negocio también. A tu cliente no le importas tú. Le importa él. Le preocupa que le escuchen. Le preocupan sus propios problemas. Le preocupa encontrar soluciones. Lo demás le trae sin cuidado.

No caigas en la tentación de hablar de ti. No es relevante para tu negocio. Habla de tus clientes, de tu mercado. Cédeles el protagonismo. Ésa es la clave de tu negocio. Esa es la clave de todos los negocios.

Lección nº 78: Tú no importas. Sólo importan tus clientes y sus necesidades.

Lección 79

¿Quién Me Llama?

Estás en una fiesta. Hay un montón de gente. Todos hablan de todo. El murmullo es tremendo.

Tú estás en tu grupo. También habláis. El tema es lo de menos. Vuestras voces y las de los otros grupos se superponen. Te aíslas de todo el ruido y prestas atención a los que te rodean.

De repente, escuchas tu nombre. Alguien lo ha mencionado en el otro extremo de la habitación. Quizá, no te ha llamado. Simplemente, menciona el nombre.

¿Cómo puede ser? ¿Cómo puedes reconocer tu nombre con ese ruido ambiente? ¿Cómo lo has identificado?

Esto se conoce como "The Cocktail party Effect" (el Efecto Cocktail).Es un efecto curioso. En un mundo lleno de información, filtras inconscientemente lo que te interesa.

No puedes entender lo que dicen en otros grupos. Pero escuchas con claridad tu nombre en medio de la multitud.

Hay un momento en el que el agua se sale del vaso

En un cocktail, no puedes prestar atención a todo. Es demasiada información. Tienes que elegir. Tienes que centrarte en algo.

Éste es uno de los primeros principios de la comunicación. Tu capacidad es limitada. No recibes todo lo que te envían. Sencillamente, no cabe. No podemos almacenarlo todo.

La capacidad de tus clientes también es limitada. Sí, es así. Tienes la tentación de darles información. De bombardearles con todo lo que está a tu alcance. Está bien, pero no te servirá de nada. No cabe.

Unas cosas pasan y otras no

Tu atención funciona como un embudo. Recibes información de muchas fuentes. Entran por el embudo. Por ahí pasan todas.

Llegan al extremo más estrecho. Hay un atasco. Unas cosas pasan y otras no. Es como un mecanismo de autodefensa.No puedes aceptarlo todo porque no tienes capacidad para almacenarlo.

En realidad, son filtros (Broadbent, Treisman, Deutsch,...) que eliminan lo que no te interesa. Seleccionan.

Tu trabajo es entender cómo funcionan esos filtros

Puede parecer complicado, pero no lo es. No hay que adivinar nada. Sólo entenderlo.

Eres capaz de escuchar tu nombre en medio de un lío considerable. ¿Por qué? ¿Por qué escuchas tu nombre y no escuchas el resto de las conversaciones?.....

Porque es tu nombre. Porque se trata de ti. Porque te afecta. Porque todo lo que tiene que ver contigo te interesa. Porque...

Funcionamos así. Consciente o inconscientemente. Dedicamos nuestra capacidad de atención a lo que nos afecta directamente. El resto lo filtramos.

"The Cocktail Party Effect" es algo que debes tener presente en tu marketing. Puedes contactar con tu mercado. Puedes intentar comunicarte. Pero, si no le hablas de sus cosas, tendrás problemas. Si no les llamas por su nombre, es probable que nadie te oiga.

Lección nº 79: Habla a tus cliente de lo que realmente les importa. Si lo haces así, te escucharán.

Lección 80

Las Palabras Son Mágicas

Las palabras importan. No vale cualquier cosa. Todo se puede decir de muchas maneras diferentes, pero el resultado no es el mismo. El mensaje es similar, el significado parecido, pero el impacto es diferente.

Un ejemplo

Alguien pide en la calle. Está sentado y a su lado tiene un letrero que dice "Soy ciego". La misma situación. Ahora, el letrero dice "Es una pena no poder disfrutar de un día tan bonito",

Hay negocios que cuentan al mundo que son ciegos (como el primer cartel). Otros sienten no poder disfrutar de un día maravilloso (último cartel).

En esencia, es lo mismo, pero se diferencian en todo. El primer mensaje es un hecho con un poder emocional desgastado por el uso. El segundo es un sentimiento contado de una manera nueva, diferente e impactante.

El poder de las palabras

No desestimes el poder de las palabras. El mensaje es importante, pero las palabras son definitivas. Las palabras funcionan como un multiplicador. Cuando das con la combinación adecuada, disparan el resultado de tu comunicación.

El mundo está lleno de empresas ciegas. Empresas que cuentan lo mismo de la misma manera una y otra vez. Estas empresas no dan importancia a las palabras. Estas empresas hablan de aumentar el presupuesto publicitario o cambiar de medio de comunicación cuando su campaña no funciona. Están más pendientes del qué hacer que del cómo hacerlo.

Otras empresas son diferentes. Les preocupan sus clientes, sus emociones, su manera de entender la vida. A estas empresas sí que les preocupan las palabras. Buscan aquéllas que encajan mejor. Las que van directas al corazón de sus clientes. Las que provocan reacciones.

Las palabras tienen un poder mágico. Son envolventes. Combinadas de distintas formas provocan reacciones diferentes. Los que lo saben las utilizan correctamente y escriben mensajes que llegan al corazón.

Lección nº 80: Las palabras son mágicas. Si las sabes utilizar, tu comunicación será imbatible.

Lección 81

¿Cuánto Tardan En Marcharse?

Durante mis años en televisión, vendíamos las primeras posiciones de los anuncios en los bloques de publicidad a un precio superior al resto. En ocasiones, con un recargo superior al 100% del precio. Supongo que todavía se hace.

¿La lógica de esta política comercial? Sencilla. La primera posición de un bloque publicitario es la que más se ve. Más audiencia, más precio. Ahí acaba el razonamiento.

Lo interesante de todo esto no es cuánto se paga por una primera posición. Lo interesante es entender porqué tiene mayor audiencia.

La regla de los 7 segundos

Después de los primeros segundos, la audiencia disminuía. Exactamente, después de los primeros 7-8 segundos.

Todos los estudios y análisis que se llevaron acabo daban el mismo resultado. Después de los 7-8 primeros segundos se producía una fuga de telespectadores. Daba lo mismo la cadena, el país,... Las probabilidades de pérdida de audiencia después de ese lapso de tiempo eran muy altas.

¿Qué ocurre?

La explicación está directamente relacionada con nuestra capacidad de atención. Cuando nos enfrentamos a algo nuevo, asignamos 7 segundos de nuestra atención para valorar si el nuevo hecho merece la pena o no. Si no nos engancha, cambiamos nuestro foco de atención y le entregamos esos 7 segundos a otra cosa.

Según la Escuela de Negocio de la Universidad de Nueva York, las personas necesitamos sólo 7 segundos para enjuiciar hasta 11 elementos. Algunos de estos elementos son: credibilidad, comportamiento, sofisticación, confianza,...

Las buenas noticias

Parece que la evidencia se repite en distintos estudios. El tiempo siempre ronda los 7 segundos y podemos decir que ésa es la cantidad de tiempo que ponemos a disposición de los anunciantes de televisión para que nos seduzcan.

¿Las malas noticias? Esa restricción en nuestra capacidad de atención inicial se produce en todos los ámbitos (no sólo en la televisión).

¿Hay solución?

Casi siempre hay solución. Nuestra capacidad de atención es muy limitada, pero nuestra capacidad para renovar la atención cuando algo nos interesa no.

El tema es importante. Si quieres que tu producto resulte atractivo, si quieres que tu oferta parezca interesante, si quieres... sólo tienes 7 segundos para llamar la atención.

Lo primero que tienes que saber es que esto funciona así. Después tienes que encontrar el mecanismo adecuado para sorprender a tu audiencia y convencerles para que renueven su atención una y otra vez.

La fórmula

Siete segundos dan para muy poco lo hagas como lo hagas. Cuando no hay tiempo, las palabras no tienen suficiente espacio. Hay que buscar otras fórmulas. Fórmulas que no dependan del tiempo. Fórmulas que no necesiten nada más que un instante.

El lenguaje no verbal es la clave. Si lo que vendes es tu producto, presta especial atención a cómo lo presentas, qué se ve, qué transmite, qué imágenes asocias,... Si lo que vendes es tu persona, cuida tus gestos, tu apariencia, tu sonrisa, tu manera de mirar, de saludar, tu...

Siete segundos puede ser injusto. Es como juzgar un libro por su portada, pero las cosas son así. Justo o injusto nunca sabrás si es bueno o malo porque, si la portada no es la adecuada, a quién le importa el resto.

Lección nº 81: Te lo juegas todo en los primeros segundos. Haz que sean impecables.

Lección 82

¿Los Críticos Son De Fiar?

Si te gusta el cine y vives en Estados Unidos, has tenido la oportunidad de leer a David Manning.

Manning es uno de los críticos de cine más reputados. Sus artículos son brillantes. Sus críticas dan en el clavo. Todo lo que dice David Manning sobre una película tiene interés.

¿Qué película ver? David Manning es la respuesta. ¿Qué recomienda? ¿Qué dice? Si aparece un extracto de una de sus críticas en la publicidad de un estreno, es sinónimo de calidad. David Manning es la referencia.

Todo esto está muy bien. Manning es un tipo increíble. Manning acierta siempre. Lamentablemente es falso.

La historia de David Maning

El famoso crítico de cine del "The Ridgefield Press" no existe. Es humo. Un fraude. Aire.

David Manning es el producto de la imaginación de dos directivos de Sony Pictures. En julio de 2000 tuvieron la fantástica idea de inventar un crítico de cine falso. ¿El objetivo? Hablar maravillas de las películas de Sony Pictures. ¿El resultado? Discutible.

Demasiadas razones

Mentir no es bueno en general. Tampoco es bueno en temas profesionales. ¿Por qué? Por muchas razones, pero además...

1.- Porque terminan cogiéndote. Sí, antes o después dan contigo. No lo dudes. Pueden tardar más o menos, pero al final cazan la mentira. En el caso de Manning, fue un reportero de Newsweek (John Horn) quien lo descubrió por casualidad mientras trabajaba en un artículo para su revista. Es igual. Por casualidad o no, al final todo sale.

2.- Porque machaca tu imagen. Tu marca cuesta mucho construirla. Esfuerzo, inteligencia y constancia. Elegir los valores adecuados. No confundirte. Ser auténtico y transmitir credibilidad. Estrategias como la de David Manning van contra todo esto. Cuando se descubren, son noticia. Su mala notoriedad se come tu marca.

3.- Porque no es consistente. ¿Alguien cree que puede construir su éxito sobre la mentira? ¿Cuánto tiempo durará ese éxito? ¿Qué tipo de consistencia tendrá? ¿Los consumidores son tontos? ¿No tienen criterio? ¿Pueden ver malas y malas películas con buenas recomendaciones y no cuestionarse nada?

4.- Porque te cuesta dinero. Sony Pictures cerró un acuerdo para pagar 5$ a todos los que fueron a ver sus películas en aquellas zonas donde se publicaron sus anuncios con las críticas de Manning. El coste total de las indemnizaciones más las multas alcanzó los 2 millones de dólares.

5.- Porque está mal. No se necesitan muchas más razones. Las cosas tienen límites. A veces pensamos que no, pero los tienen. Aquí no vale todo. No vale David Manning ni ninguna otra estrategia similar (hay muchas parecidas pero son menos atrevidas).

David Manning murió el día que John Horn lo descubrió, pero no fue el reportero de Newsweek quien le mató. A David Manning le mató la mentira. La misma mentira que lo creó. La mentira que mata tantos negocios.

Lección nº 82: Sé auténtico. Monta un negocio auténtico. Cuenta cosas auténticas de tu negocio. A la gente le gusta lo auténtico. ¿No es perfecto? Bueno, nadie lo es.

Lección 83

Por Encima De La Valla

Fedex es una gran compañía, pero a veces pasan cosas, también, en las grandes compañías.

Un empleado de Fedex tuvo la ocurrencia de lanzar un paquete que contenía un monitor por encima de una valla (si tecleas "Fedex Monitor" en Youtube, puedes ver el vídeo).

Quizá, habría sido más fácil llamar a la puerta y entregar el paquete a la vieja usanza. Pero no, el decidió hacerlo volar por encima de los barrotes con tan mala fortuna que la cámara de seguridad grabó toda la escena.

En pocas horas, el vídeo estaba colgado en YouTube y millones de personas comentaban en las redes sociales la acción poco afortunada del empleado de FedEx.

Vivimos en el mundo en el que vivimos y ya no vale todo. Tiene cosas buenas y cosas que lo son menos, pero es el que es.

Si tiras un monitor de ordenador por encima de una valla, te ven. Antes era distinto. Podías escapar. Podías engañar a todos. Soy de esta manera, pero actúo de esta otra. Se acabó. Te pillan.

¿Demasiada transparencia en la información? Sí. Puede ser malo o bueno. ¿Obligación de ser coherente en todos tus actos? Sí. Bueno.

Gran Hermano

A lo mejor, no te has dado cuenta. A lo mejor, queda alguien en el mundo que no se ha dado cuenta. Desde luego, FedEx no se ha dado cuenta. El Gran Hermano nos ve.

Sí, ve todo lo que hacemos. Además, lo cuenta. Se lo cuenta a todos y se lo cuenta rápidamente.

Antes, tenías la necesidad de ser coherente. Ahora, tienes la obligación.

Puedes actuar como quieras. Puedes tratar a tus clientes como te parezca oportuno, pero, ahora, la información te pone en tu lugar. Ni mejor, ni peor. El lugar que merecen tus actuaciones.

No puede haber fisuras

Cuando ocurren estas cosas, algo falla. Dices algo, pero tus empleados, tu compañía, actúan de otra manera.

Cuando pasa esto, hay fisuras. En algún punto, se ha roto la cadena. Tu obligación es repasarla (operaciones, personas, sistemas, marketing,...). Encontrar el error y solucionarlo.

Pon tus actos donde pones tus palabras

"Put your Money where your mouth is". Ésta es una expresión en inglés que viene a decir que pongas el dinero donde pones tus palabras. Hablar no es suficiente. Hay que probarlo.

Aquí puedes decir algo parecido. "Pon tus actos donde pones tus palabras". Hablar no es suficiente. Hay que actuar como hablas. Si no lo haces, has perdido.

FedEx lo ha aprendido. Lo ha aprendido de la forma más amarga. También lo ha solucionado. En menos de 48 horas había subido un vídeo pidiendo disculpas y contando al mundo su plan de acción para solucionar el problema.

Si quieres evitar este tipo de situaciones, hay una fórmula perfecta. Una fórmula que no falla nunca. Sé coherente 360º.

Lección nº 83: Todos los elementos de tu compañía son elementos de comunicación. Contrólalos.

Lección 84

No Basta Con Ser Viral

Va con los tiempos. Ahora hay que ser viral. Viral o nada. Si no piensas viral, estás fuera de juego. No interesas.

Te quitas los pantalones. Te subes a un metro. Lo grabas. Lo envías a los medios. Lo subes a YouTube. Eres viral.

Es diferente y a la gente le gusta. Consigues una portada. En eso consiste ser viral. En conseguir portadas. En estar en los medios. Muchos medios.

Si tienes suerte, institucionalizas algo. "El día sin pantalones" o cualquier otra cosa. El contenido no es importante. El hecho sí.

Todo tiene una metodología por detrás

Todo tiene método. Ser viral también. La transgresión ayuda siempre. Cuando rompes una norma, haces ruido. Estamos hablando de mucho ruido.

Si lo haces bien, te aseguras notoriedad. Así empiezan las cosas.

Transgresión y diversión funcionan. Unos calzoncillos en el metro. ¿Por qué no? Capta nuestra atención y hablamos.

Ése es el primer nivel de difusión. No es muy potente, pero pone la maquinaria en marcha.

Luego llega el turno de los medios. No fallan. Si eres suficientemente transgresor, siempre estarán ahí contigo.

Después...¿qué?

Ya estás en todas partes. Eres trending topic en twitter. Estás en la primera página de YouTube. Te disparas.

Aquí cambian las cosas. En muchas ocasiones, no hay nada más. Sólo es eso. Una gran explosión y se acabó.

Funciona como un gran fuego de artificio. Ilumina todo pero dura lo que dura la explosión. Luego quedan pocas cosas.

¿Eres suficientemente viral?

Tienes que preguntarte si es suficiente. Si eres suficientemente viral.

No es una pregunta sencilla. Depende de muchas cosas y puede tener muchas respuestas diferentes.

Si quieres instaurar "El día sin pantalones", lo has conseguido. Sólo necesitas eso, una explosión. Es divertido y engancha.

Si quieres algo más, el modelo no funciona. Muere después de la explosión y no puedes darle continuidad.

La trampa del marketing viral

Tengo la impresión de que la tendencia no es buena. A las compañías les gusta el modelo de la explosión. Las dos Rs. Ruido y Repercusión.

Es un modelo agradecido. Te da popularidad. Te da popularidad. Te da popularidad. Te da...

Si vendes popularidad, puede ser un gran modelo. En caso contrario, tendrás problemas. El modelo es un modelo de popularidad. No es un modelo de ventas.

La popularidad está bien cuando la conviertes en algo. Si no lo consigues, es vanidad. Te refuerza el orgullo, pero no da dinero.

Hay otros modelos. No son explosivos. Son menos atractivos, pero tienen continuidad. Son menos virales y mucho menos populares. Estos modelos funcionan.

Échale un vistazo a los canales de YouTube de Brian Tracy, Chris Brogan, Tim Sanders,... No tienen millones de descargas. No tienen millones de suscriptores como otros más virales, pero cumplen su objetivo. Están dentro de una estrategia y les ayudan a vender. Mucho. Ése es el modelo.

¿Viral? Claro. Cuanto más mejor. Es el mejor altavoz que puedes tener. Pero asegúrate de tener más pasos. No dejes que todo termine con la explosión.

Lección nº 84: No basta con ser viral. Hay que tener un modelo que aproveche esa notoriedad y la transforme en ventas.

Piensa En Afinidad Cuando Pienses En Comunicación

Todo empieza ahí. Primero, te das a conocer. Despiertas su interés. Luego les gustas. Finalmente compran tu producto o servicio. Si no les dices que estás, no existes.

Ése es el proceso que siguen todos los negocios. Grandes y pequeños. El tuyo también. Para conseguir clientes tienes que decirles que existes.

La idea es simple. Todos la entendemos enseguida. Luego hay que seguir profundizando. ¿Ahora qué?

La audiencia no es la reina

Quieres contar tu mensaje a tu mercado. Quieres contactar a cuantos más mejor. ¿Qué tienes que hacer? Elegir los medios adecuados para conseguirlo.

Cuando piensas en medios, piensas en audiencia. Son dos palabras que van de la mano. Medios y audiencia. ¿Qué medios funcionan mejor? Los que tienen más audiencia.

Sí, esa es la respuesta rápida, pero no es la mejor respuesta. La audiencia está bien. Es importante, pero hay más cosas.

Hay dos puntos de vista. Los medios quieren audiencia. Cuanta más audiencia tienen, más pueden cargar por sus anuncios. Es un tema de tamaño.

Tu punto de vista es algo distinto. ¿Quieres audiencia? Claro. ¿Quieres toda la audiencia? No, quieres la audiencia que te interesa. La que puede comprar tus productos. El resto no importa. El resto no vale nada.

Los grandes medios tienen audiencia. Por lo general tienen audiencia de todo tipo. Cuando los utilizas, estás pagando por tu audiencia. También estás pagando por toda la audiencia que no te interesa.

Quiero más de los míos

La audiencia no es la reina. ¿Entonces...? Hay que buscar otras cosas. Las que de verdad importan.

La afinidad es un gran concepto. Te dice cuánto se parece la audiencia de un medio a tu mercado. La idea es potente. Cuanto más similar es la audiencia de un medio a la imagen que tienes de tus clientes, más posibilidades tienes de conectar con ellos.

Para mí, hay dos tipos de afinidad. Primero, está la afinidad de las características. Tus clientes tienen entre 25 y 44 años, pertenecen a determinada clase social, poder adquisitivo X,... Si el medio de comunicación tiene una audiencia parecida, hay afinidad. Está bien, pero se puede mejorar.

Hay una segunda afinidad. La afinidad de los contenidos. El medio habla de los mismos contenidos de los que hablas tú. Su audiencia te está diciendo que le interesan esos contenidos. Te está diciendo que ése es un momento magnífico para que empieces a hablar con ella.

Cuando combinas las dos afinidades (características y contenidos), tienes un medio ganador. Las dos funcionan. Juntas funcionan mejor.

Todavía no es suficiente

Encontrar medios con la mejor combinación de afinidades para tu mercado no es fácil. Es muy probable que no existan. Si existen, es muy probable que sean muy pequeños. Quizá, insignificantes.

Si concentras todos tus esfuerzos en estos medios, no tendrás pegada. ¿Afinidad? Mucha. ¿Alcance? No.

Al final, éste es un juego de equilibrios. Tienes que equilibrar afinidad y audiencia. Cuando aumentas tu audiencia, sueles perder afinidad. Sí, puedes contactar con un mayor porcentaje de tu mercado. Pero también contactas a otros que no te interesan tanto.

¿Dónde está el equilibrio? En la prueba y error. No hay grandes recetas. Puedes hacer una selección con los medios que te interesan y empezar a probar.

Identifica tu comunicación con números de teléfonos distintos, registros diferentes,... o cualquier otro mecanismo que te permita saber qué medio te aporta qué resultados.

Enseguida, comprobarás qué medios funcionan. Esos son los medios que mejor combinan audiencia y afinidad. Esos son los medios donde hay que hacer publicidad.

Lección nº 85: Los mejores medios de comunicación son los que combinan audiencia y afinidad.

Lección 86

Nadie Tira Dinero Por
La Ventana

Es fácil decir que algo no funciona. Lo ves y tienes una sensación. Fuera de sitio. Obsoleto. Te formas una opinión y lo descartas. Es una manera natural de enjuiciar las cosas.

Es muy probable que aciertes en muchas ocasiones. En otras ocasiones, no es una forma inteligente de actuar. Es natural, pero no es inteligente.

Pasa en general y pasa en el marketing. Ves lo que se está haciendo a tu alrededor y emites un juicio. Hay cosas que te gustan más que otras.

Uno más de…

Un anuncio más con un testimonio de alguien que te cuenta lo bien que le van las cosas con no sé que producto.

La enésima campaña del celebrity de turno que te muestra su mejor sonrisa para decirte qué come, qué bebe, qué…

Un email kilométrico que empieza preguntándote algo y que sigue durante más minutos de los que pensabas que nadie pudiese escribir. Todo, para al final, intentar venderte algo que te podría haber planteado claramente desde el principio.

Botones llenos de invitaciones a hacer click en casi todos los sites por los que navegas.

Ofertas increíbles con caducidad de un día que te hacen sentirte estúpido si no sales corriendo con la tarjeta de crédito en la mano.

Ese rojo chillón que está por todos los sitios y que de tanto verlo empieza a hacerte daño en los ojos.

La campaña que utiliza...

El sentido de las cosas

Siempre ocurre lo mismo. La sensación es parecida. Piensas... ¿Cómo es posible? ¿Cómo siguen haciendo esto? No puede funcionar. Están tirando el dinero. Huele a viejo. A rancio.

Puedes entenderlo si lo enfocas de otra manera. Cambia las preguntas. Sustituye el "cómo" por el "por qué". ¿Por qué es posible? ¿Por qué siguen haciendo esto?

Ahora es mucho más fácil. Siguen haciéndolo porque funciona. Porque es rentable y porque les da negocio.

¿Dejará de funcionar algún día? Puede ser. No lo sé. De todas formas lo sabrás. ¿Por qué? Porque desaparecerá. Enseguida.

Es la selección natural de los negocios. En ningún otro sitio funciona tan rápidamente. Cuando algo deja de funcionar, simplemente muere.

Está bien que tengas opinión y que intentes cambiar las cosas. Ir con los tiempos es inteligente. Pero, si ves que alguna acción se repite, que la repiten muchos, no la desprecies. "Si está ahí, es por algo".

Lección nº 86: Si ves que algo se repite constantemente, piensa que es por algo. Seguro que por detrás hay alguien haciendo dinero.

CAPÍTULO 8

¿Me Das Tu Número De Teléfono?

"Si esperas hasta el próximo Case Study de tu sector, será muy tarde".

-Seth Godin

Lección 87

¿Quieres Que Te Conozcan?

¿Quieres que tus clientes te conozcan? Necesitas marketing. ¿Quieres gustarles? Necesitas marketing ¿Quieres que confíen en ti? Necesitas marketing. ¿Quieres venderles tus productos? Necesitas marketing.

Marketing, marketing, marketing,... Ésa es la palabra. Sin marketing las cosas no funcionan. "Marketing is King".

¿El resto no es importante? Muchísimo. Sin el resto no hay marketing. Pero el marketing multiplicará el valor del resto por 10, por 100 por... Pon tú el límite.

Sumérgete en el marketing. Desarrolla tus habilidades. Trabájalas. Ponlas a funcionar y exígeles resultados.

El marketing es la ciencia de conectar, vender, medir y repetir. Es muchas más cosas, pero estas palabras lo definen bien.

Las compañías con marketing viven. Las compañías con un buen marketing sobresalen. Las compañías sin marketing mueren. ¿Qué tipo de compañía quieres ser tú? Hay pocas dudas.

La pregunta no es ¿cómo es tu departamento de marketing? La pregunta es ¿cómo de bueno es tu departamento de marketing? Los consumidores mandan. Ellos tienen el poder. Sólo las compañías que saben cómo conectar con ellos tienen posibilidades.

Todo lo que necesitas para tener un buen Kit de Marketing son unas cuantas herramientas. Cuando sabes cómo utilizarlas, tus probabilidades aumentan. Cuando las dominas, tienes un ganador.

Marca

Todos necesitamos una marca. Compañías y personas. De hecho, todos tenemos una marca. Si no eres consciente, es muy probable que tu marca sea una mala marca. Una marca descuidada. Una marca que ha ido desarrollándose sin ningún control. ¿El resultado? Cualquiera menos bueno. Tienes una marca que vive al margen de ti. Ése no es el mejor escenario.

Crea tu marca. Asóciale los valores con los que te identificas. Busca a tu mercado y díselo. Díselo alto y claro para que te oigan. Alto y claro para que no te confundan.

Mensaje

Todos estamos aquí para algo. ¿Cuál es tu mensaje? ¿Cuál es tu misión en la vida? ¿La de tu compañía? Descubre tu misión. Agárrate a ella y no la sueltes. Es la razón por la que haces lo que haces. Es la razón por la que tus clientes se identificarán contigo. Es la razón por la que consumirán tus productos o servicios.

Asegúrate de que es el mensaje correcto. El mensaje correcto para ti y para tu mercado. Sé coherente y haz que aparezca en toda tu comunicación. Sé consistente y haz que sea el mismo hoy y mañana.

Estrategia

¿Qué es la estrategia? Un montón de cosas. ¿De forma sencilla? Darle sentido a lo que haces. Sabes quién es tu mercado. Estás construyendo tu marca. Tienes un mensaje claro. Sólo te queda conectar con tu gente. Hazlo de la mejor manera. De la manera en la que se hacen las grandes conexiones.

No a las acciones sueltas. No a las oportunidades que no se pueden desaprovechar. La estrategia es un Todo. Incluso las acciones de guerrilla son una estrategia. Decide cómo quieres que sea ese Todo. Realiza sólo acciones que tengan sentido en ese Todo.

Medida

No dejes que las acciones pasen. Mídelas. Quédate con el recuerdo. Aprende de ellas. Las acciones sin medida son acciones fantasmas. No dejan huella. Tú quieres huella, recuerdo. Tú quieres descubrir lo que funciona. Entender si se puede replicar y hacerlo tantas veces como puedas.

Repetir lo que se hace bien y da resultados es la base del éxito. No hacerlo es tirar dinero y desaprovechar oportunidades.

Lección nº 87: "Marketing is King". Es cierto. El primer paso es reconocerlo. El segundo, saber qué hacer. El tercero, hacerlo. Eso es todo.

Prueba, Prueba, Prueba

No hay pócimas mágicas. No hay fórmulas secretas. La mayoría de las cosas funcionan probando. Intenta algo. ¿Funciona? Sigue desarro-llándolo. ¿No te da resultado? Abandónalo o trabájalo de otra mane-ra.

Los negocios funcionan igual. No hay recetas que sirvan para todo el mundo. Algunas se pueden aproximar. Te pueden dar pistas. Pero, al final, tendrás que adaptarlas.

Jay Abraham (uno de los grandes) dice que el marketing con-siste en probar. Prueba, prueba, prueba. No hay otra forma para des-cubrir si algo funciona. No suena muy científico, pero es así.

Si quieres que tu negocio crezca, prueba cosas nuevas. No sa-brás si te sirven las estrategias de otros. No lo sabrás hasta que prue-bes.

Diseña tu sistema de pruebas

Oblígate a probar constantemente. ¿Cómo lo puedes hacer?

Define un periodo. Elige la duración de tus pruebas. Va a depender de tu negocio y de tu personalidad. Negocios que cambian mucho necesitarán más dinamismo. Si eres inquieto acelerarás el proceso.

Elige qué vas a probar. Escoge las estrategias que vas a chequear durante el periodo que has definido. Pocas estrategias si son muy complicadas. Más si son sencillas.

Prueba. Pon en funcionamiento tus estrategias. Observa qué resultados aportan. Cómo se van comportando.

Evalúa el resultado. Al final del periodo, analiza los resultados. Olvídate de las que no funcionaron. Incorpora a tu plan las que dan resultados. Finalmente, repiensa las que te ofrecen dudas. Quizá, con algún ajuste puedan mejorar.

Tu lista

Ya puedes preparar tu primera prueba organizada. ¿Qué periodo defines? Un mes suele dar un buen resultado. Es un tiempo suficiente para tener una sensación correcta. Pero es una decisión tuya. Elige el periodo con el que te sientas más cómodo.

¿Qué estrategias puedes intentar? Empieza a investigar. Fíjate en lo que hacen los demás. Lee todo lo que puedas. Pregunta a todos. Recoge lo que te parezca más interesante y empieza.

Yo trabajo con una lista de 10 cosas nuevas todos los meses. No sigo ningún patrón cerrado. Diez elementos que se puedan implantar con facilidad. Por ejemplo:

1.- Únete a una nueva organización. Es crítico aumentar tu red de contactos. Analiza dónde se reúnen tus clientes y asóciate. ¡Ojo! Ten cuidado. El Networking consume tiempo. Elige las asociaciones que mejor encajen con tus intereses.

2.- Revisa la atención telefónica. ¿Se está atendiendo correctamente a los clientes? ¿Existe un estilo homogéneo? ¿Tiene sentido unificar el mensaje? ¿Es adecuado el tono? Revísalo y corrige lo que estimes oportuno.

3.- Contacta a 20 antiguos clientes. No te olvides de ellos. Los antiguos clientes son una fuente magnífica para conseguir clientes. Decide cuál es el número adecuado de llamadas, planifícalas y hazlas.

4.- Aprovecha comercialmente tu comunicación. Cada vez que te comunicas con alguien, tienes la posibilidad de hablar de tu negocio. Incorpora este mensaje en la firma de tu correo electrónico, en las facturas, en los paquetes que envías, en...

5.- Solicita 20 testimonios. La mejor prueba de tu solvencia es el testimonio de tus clientes. Aprovecha cualquier oportunidad para solicitar el testimonio de un cliente satisfecho. Él se beneficiará de la visibilidad que le dará el testimonio y a ti te servirá como argumento de venta.

6.- Recomienda a 20 clientes. Sí, tu obligación también pasa por ayudar a tus clientes. Si tienes la oportunidad, recomienda su trabajo. Estudia que otros clientes tienes en tu base con el fin de plantear colaboraciones entre ellos.

7.- Programa 20 llamadas de seguimiento. Recuérdales a tus clientes que piensas en ellos en todo momento. Realiza esta llamada a todos tus clientes con los que no tienes un proyecto en marcha en este preciso instante.

8.- Lanza una lista mensual de consejos. Aporta valor. Selecciona consejos relacionados con tu contenido que sean de interés para tus clientes. Así, aumentarás el contacto, apreciarán la información y estarás más tiempo en su recuerdo.

9.- Prepara una oferta especial. Piensa en un grupo de clientes que tengan unas características similares y prepárales una oferta personalizada. Hazle sentirse especiales, diferentes.

10.- Reúnete con 5 posibles partners. Aumenta tu cartera de acuerdos de colaboración. Aprovecha la potencial de otras compañías complementarias para conseguir más clientes.

Organízatelo como si fuese tu lista de tareas de marketing mensuales. Oblígate a escribirlas todos los meses. No seas ambiguo. Asigna objetivos numéricos a cada tarea. Fíjate objetivos alcanzables y reduce o aumenta el número de tareas según vayas experimentando.

No hay recetas mágicas para conseguir nada, pero esta lista te ayudará. Si empiezas mañana, verás como los resultados empiezan a llegar enseguida.

Lección nº 88: El marketing consiste en probar. Prueba y aprende.

Lección 89

La "Trampa" De La Investigación

¿Quieres conocer las necesidades del mercado? Investiga. ¿Quieres saber qué nuevo producto puede enloquecer a tus clientes? Investiga. ¿Quieres....? Investiga.

Ésa es la vía tradicional. La que todos utilizan. La verdad está ahí fuera. Sal y cógela. Sal y descubre todo lo que necesitas para hacer crecer a tu compañía.

Seguramente es cierto. Tus clientes son una fuente de inspiración constante. Trabajar al margen de ellos, no parece una buena idea... o sí.

Resultados infalibles

"Lego" ha abandonado su plataforma de juegos online "Lego Universe". Uno de los grandes del sector juguetero ha tenido que cerrar su gran apuesta online.

¿La razón? En una entrevista con Jyllands-Posten, algunos de los directivos de Lego han comentado que la razón del fracaso ha sido un exceso de investigación.

Después de montañas de dinero y horas de estudio, una gran conclusión: los niños necesitan algo físico. La idea es que a los niños les atrae más algo que puedan tocar y sentir.

Si ésa es la conclusión, el siguiente paso parece evidente. Hay que darles algo que puedan tocar.

Como paso previo para poder acceder a su plataforma de juegos online, Lego pedía a sus usuarios que adquiriesen un DVD en una tienda.

El planteamiento es razonable. La investigación decía que los niños necesitaban algo físico y Lego vendió su plataforma online con un concepto físico. Simple.

Ésa es la idea. Invertir en investigación. Dar con el concepto mágico y ponerlo en marcha para conseguir resultados infalibles.

Las cosas no son siempre lo que parecen

Ésa es la idea, pero no funciona. Las cosas no son tan simples y los resultados no han llegado.

Seguro que hay muchas razones. Seguro que forzar el pago en un mundo gratuito no ayuda. Seguro que podían haber aplicado un modelo de pago por mayor funcionalidad de la plataforma. Seguro que....

Da lo mismo. Las razones no son importantes. Es importante el hecho de no cuestionar. El hecho de asumir que los resultados de la investigación no pueden fallar.

Es un efecto curioso que se produce siempre. "La Trampa de la Investigación": cuanto más inviertes y mas investigas, más confianza tienes en los resultados que consigues. Parece una regla no escrita. Más dinero y esfuerzo, mejores resultados. Pensar así es peligroso.

¡Despide a tus investigadores!

Puede ser una opción. ¿Por qué no? Si los resultados no son buenos, ¿por qué investigar? Si al final de todo el proceso no sacas conclusiones válidas, ¿por qué realizar el esfuerzo?

Puede ser una opción, pero seguro que no es una opción inteligente. Investigar es importante. Saber qué opina tu mercado es importante. Conocer el pulso de tus clientes es importante.

El problema no es la investigación. El problema es otro. El problema es pensar que, después de la investigación, no hay nada más. Después, pones en marcha el mecanismo y empiezas a hacer dinero.

El sistema no funciona así. No funciona así porque no son matemáticas. Sería demasiado fácil.

El sistema no funciona con investigación, pero tampoco funciona sin ella. O, por lo menos, es mucho más complicado. Por lo general, necesita más elementos.

Para algunas compañías, la ecuación es investigación hasta un punto y, a partir de ahí, mucho sentido común. Para otras, es investigación hasta un punto y, a partir de ahí, un poquito de locura.

Lección nº 89: El papel de la investigación no es dar soluciones cerradas. Su papel es abrir puertas y explorar posibilidades. Cuando lo entiendes, le sacas todo el partido. Cuando no lo haces, eliminas oportunidades.

Lección 90

Los Premios No Pagan Facturas

En 1923, Claude Hopkins escribió: "La publicidad es como un vendedor. Cuando un vendedor no vende, lo cambias. Cuando tu publicidad no vende, la sustituyes por otra que lo haga".

Luego podemos hacernos líos. Engañarnos al solitario o ser miopes. Pero las cosas son así. Tu publicidad,... todo tu marketing existe única y exclusivamente para vender. Si no lo consigues, hay que cambiarlo. Así, hasta que des con una estrategia que venda.

No te enamores de tus campañas

Tus campañas son herramientas. Las herramientas las utilizas para conseguir cosas. ¿Lo logras? ¡Fantástico! Sigues utilizándolas. ¿No? Utilizas otras.

Los premios, la imagen,... son elementos peligrosos. Hay que saber entenderlos. Todo funciona cuando ayudan a vender. Cuando no es así, es diferente. Pueden confundirte. Pueden hacerte pensar que estás consiguiendo algo. Quizá sea así. Pero ese "algo" que estás consiguiendo no va a pagar tus facturas.

Testa lo que te parece interesante

El tema es sencillo. Si piensas que algo puede funcionar, tienes que testarlo. ¿Hay pistas? Sí, claro. Hay que estudiar qué es lo que se está haciendo por ahí. Qué es lo que he hecho en el pasado y funciona. Qué hace mi competencia...

Después, tienes que testar. Es así. Hazlo con criterio. Primero, lo que crees que tiene más probabilidades. Luego, cosas nuevas.

Presta atención a los detalles. Te pueden dar la clave. Un color en un producto. Unas palabras en un eslogan. Una canal de distribución diferente...

Consigue un ganador y mejóralo

Es muy probable que, si lo haces así, descubras alguna gema. Hay muchas, pero, por lo general, están escondidas. Hay que saber buscarlas. Hay que probar muchas para poder reconocerlas.

Cuando has descubierto una estrategia que funciona, tienes un ganador. Concéntrate en él. Elimina las acciones que no dan resultado y pon tus recursos en las que funcionan. Analiza todos sus elementos. Manéjalos. Modifícalos. Tócalos. Mejóralos. Es un proceso de ajuste fino. Poco a poco vas dando con la mejor versión. Así, sucesivamente.

Ésta es la mejor forma de acabar con la miopía del marketing. Es la mejor forma para vender tus productos. Vender más. ¿Te aseguras estrategias para siempre? No, no hay nada que dure para siempre.

Te aseguras descubrir lo que funciona en este momento. No desperdiciar recursos y vender más. Ése es el objetivo del marketing.

Lección nº 90: La función de marketing es vender. Si no vendes, cambia tu marketing.

Lección 91

Los Números Rojos Pueden Ser Una Buena Estrategia

A nadie le gusta perder dinero. Cuando ocurre, estás haciendo las cosas mal. Por lo general, la gente piensa así.

Antes de saber si algo está bien o mal, es interesante conocer el "porqué". Si pierdes dinero y tienes un porqué potente, puedes explicar muchas cosas. Si no es así, seguramente estás haciendo las cosas mal.

Tu nueva campaña

Lanzas tu nueva campaña de captación. Realizas un esfuerzo económico. Consigues un número de clientes X. ¿Son suficientes? No lo sé. Tienes que ver los ingresos. ¿Cuánto has facturado? ¿Suficiente? ¿Cuánto es suficiente?

Hay números que son más fáciles que otros. Si lanzas tu nueva campaña e ingresas por encima de tus gastos, las cosas van bien. Cuanto más grande es la diferencia, mejor van las cosas. No es complicado. Ésta es la parte fácil.

¿Qué pasa cuando tu nueva campaña tiene números rojos? ¿...cuando los ingresos de la campaña son menores que los gastos? ¿...cuando pierdes dinero? Ésta parte no es tan obvia.

¿Qué hay detrás?

Perder dinero es una señal de alarma. Puede ser una señal de alarma mala o no. Depende. Depende de lo que haya detrás.

Hay dos maneras de entender las cosas. La primera consiste en realizar una gran oferta y hacer un gran negocio. Cuando lo haces y el negocio no es tan grande, perder dinero es una señal de alarma peligrosa.

Puedes hacerlo de otra forma. Puedes hacer una gran oferta. Captar un número de clientes nuevos. Tener claro qué nuevos productos o servicios le vas a ofrecer y cuándo se los vas a ofrecer. Conocer el porcentaje de clientes nuevos que irán comprando tus nuevos productos. Saber cuánto terminará aportando a tu cuentas de resultados cada nuevo cliente.

Cuando sabes qué hay detrás de lo que haces, perder dinero puede ser una señal de alarma buena.

Puedes aprovecharlo

El enfoque es diferente. Inviertes y compras un cliente. Compras un activo. Tienes números rojos. Si el cliente termina dándote a lo largo de su vida más de lo que te costó, es una buena inversión.

¿Cuál es la ventaja? Que la mayoría de tus competidores no lo hacen. Que tú puedes invertir en comprar clientes porque sabes qué puedes esperar de ellos y tu competencia no. Que tú puedes ser más agresivo en la captación de tus clientes.

Perder dinero no es tan malo. Suena raro y es poco intuitivo, pero es así. Si sabes lo que hay detrás de tus clientes, perder dinero al principio te puede hacer ganar mucho después. Es una cuestión de mentalidad y de tener un "porqué" potente para todo lo que haces.

Lección nº 91: Cuando sabes cuánto te puede aportar un cliente, puedes ser más agresivo en tus estrategias de captación.

Lección 92

Coherente 360°

¿Cómo debe ser tu Marketing? ¿Qué tono debe mostrar? ¿Qué personalidad debe transmitir?

En uno de los artículos de Keith Ferrazzi, autor de "Nunca Comas Sólo", cuenta que, para el lanzamiento de uno de sus productos (Relationship Masters Academy), contrató a un experto ajeno a su organización. La idea era replicar el tipo de campañas que siguen el modelo de Jeff Walker (Product Launch Formula) y que son tan populares en el mundo de Internet.

El resultado financiero de la campaña fue extraordinario. La fórmula de Jeff Walker funciona: troceas una historia en varios pedazos, la suministras a tu lista con una cadencia de tres o cuatro días y, finalmente, fuerzas una compra urgente amenazando con la posibilidad de que no se vuelva a repetir una oferta de esas características.

Sensación complicada

Sin embargo, la sensación de Keith Ferrazzi no fue buena. ¿Por qué? Nada que ver con la dinámica de la misma. En definitiva es una fórmula algo sofisticada, pero no deja de ser marketing directo del tradicional.

Lo que afectó a Keith Ferrazzi fueron los comentarios de muchos de sus seguidores diciéndole que se habían sentido muy presionados por sus emails y por el estilo de su comunicación.

Estos seguidores veían una clara ruptura entre el estilo que Keith transmite en sus presentaciones públicas, sus libros o cualquier otro tipo de comunicación y lo que habían sentido en esa última campaña.

La campaña fue un éxito, pero la sensación que sintieron los seguidores de Keith Ferrazzi y él mismo no fue buena.

¿Compensa? Esta pregunta se la tiene que contestar cada uno. Desde mi punto de vista, no merece la pena poner en riesgo la relación con tu base de clientes a cambio de un éxito puntual.

Tus clientes no son tontos y se darán cuenta rápidamente si actúas de una manera diferente. Si estás cambiando. Si dejas de ser tú mismo.

Eres un "Todo"

Tu marketing es como tu pierna, brazo, cabeza,... Tu marketing es parte de ti. Tiene que ser coherente contigo, con tu personalidad, con la forma de hacer las cosas, de hablar, de actuar... Tienes que ser coherente 360º. Eres un todo.

Cuando esto no ocurre, estás traicionando la confianza que tus clientes han depositado en ti. Te han abierto las puertas porque les gusta lo que haces, lo que dices y como te relacionas y, de repente, empiezas a actuar de una manera diferente. ¿Puede tener impacto en tu relación futura? Tú mismo.

Lección nº 92: Tu marketing debe ser coherente contigo, con tus productos y con tu compañía. Cuando la coherencia falla, el marketing no funciona.

Lección 93

Me Gusta Tu Tono De Voz

¿Qué impacto consigues con tus palabras? Somos animales sociales y necesitamos comunicarnos. Vivimos en comunidades donde resulta imprescindible ser capaz de establecer contacto con los demás.

Nos comunicamos para poder comer, para establecer relaciones, para vender cosas,... Necesitamos comunicarnos absolutamente para todo.

¿Pero tienes claro que tu forma de comunicar es la correcta? ¿Estás convencido de que tu mensaje llega con la intensidad que te gustaría?

La comunicación es un arte. Si comunicas bien, tu capacidad de persuasión aumentará y las cosas serán más fáciles.

En este sentido, no me interesa en absoluto la manipulación, sino la capacidad que tienen algunos de fascinar con sus palabras, enganchar con sus historias y captar legítimamente la atención de los que les escuchan.

Sí, la comunicación es un arte, pero es un arte complejo. No basta con tener un buen mensaje y transmitirlo sin más. Tienes que integrar un montón de elementos si pretendes conseguir el impacto adecuado.

Los ingredientes del éxito

En 1967, el psicólogo Albert Mehrabian publicó los resultados de su estudio sobre la comunicación no verbal.

Mehrabian aseguraba que los factores que tenían mayor influencia en la comunicación eran tres: las palabras, el tono de voz y el lenguaje corporal y, pese a lo que muchos podían pensar, el lenguaje corporal era el que tenía mayor peso con un 55%, seguido por el tono de voz con un 38% y finalmente las palabras con un 7%.

No tengo la menor idea de si esos porcentajes son correctos o no, pero no me queda ninguna duda sobre la importancia de la voz y el lenguaje corporal a la hora de comunicar.

La próxima vez que te encuentres delante de alguien con la intención de contarle, venderle, transmitirle,... algo, recuerda que lo que quieres hacerle llegar es importante, pero no olvides cómo hacerlo.

Lección nº 93: Aplica la famosa regla 7%-38%-55% de Mehrabian y verás como tus presentaciones mejoran y tus resultados se disparan.

Lección 94

Cartas Para Boston

¿Conoces la teoría de los 6 grados de separación? Se trata de una teoría interesante que está en la esencia de las relaciones sociales. El primero en formular dicha teoría fue el escritor húngaro Frigies Karinthy.

Su propuesta intentaba demostrar que, a través de una determinada cadena de conocidos, se puede contactar con cualquier persona del mundo.

El argumento era sencillo. Cada persona tiene un número de conocidos que, a su vez, tienen un número de conocidos que, a su vez, tienen..., y, así, hasta que, a través de esta cadena de conocidos, se pueda conectar a toda la población mundial.

Stanley Milgram

Se hicieron varios intentos para probar la teoría. Quizá, el más famoso es el que llevó a cabo el psicólogo americano Stanley Milgram en 1967.

Éste desarrolló su razonamiento en un artículo llamado "El Problema del Mundo Pequeño" en la revista científica Psychology Today.

La base del argumento se apoyaba en la idea de imaginar el mundo como una gran red social donde todos sus elementos están conectados. En ese contexto, el psicólogo americano intentó cuantificar el número medio de conexiones que se necesita para conectar dos personas.

Stanley Milgran seleccionó al azar una serie de personas por todo el territorio estadounidense. Éstos tenían que hacer llegar una carta a un extraño situado en la ciudad de Boston. Los únicos datos que se les proporcionaron fueron el nombre, ocupación y zona aproximada de residencia.

A partir de ahí, se les dijo que echasen mano de sus contactos directos y que le pidieran a aquella persona de su círculo que tuviese más probabilidad de hacer llegar la carta que repitiese la misma operación con sus contactos directos y así, sucesivamente, hasta conseguir que la carta llegase al punto de referencia indicado.

Aunque muchas se perdieron por el camino, las cartas empezaron a llegar a su destinatario final al poco tiempo de empezar el experimento.

El número de eslabones utilizados para alcanzar su objetivo final oscilaba entre 2-3 contactos en los casos más directos y 10-11 en los menos inmediatos. En cualquier caso, el número promedio de enlaces se movió alrededor de 5-6 personas (de ahí el nombre de los "6 Grados de separación").

Este hecho llevó a los investigadores a afirmar que la distancia social entre dos americanos era de cinco intermediarios y 6 enlaces (las conexiones entre los 5 intermediarios y la primera y última persona).

La fuerza de los contactos

El experimento de Stanley Milgram ha recibido críticas de todo tipo: el proceso de selección de los primeros remitentes, el porcentaje de paquetes que, finalmente, alcanzó su destino, etc.

De todas formas y más allá de cualquier crítica que se le pueda hacer al experimento, lo cierto es que las cartas llegaron. Que se quedaron algunas por el camino... ¡Qué más da! Auque sólo hubiese llegado una, ya sería suficiente demostración del poder de los contactos.

No sé si necesitas exactamente 5 intermediarios y 6 enlaces para contactar con todo el mundo, o si no es posible llegar a todas partes porque hay algunas barreras que pueden ser insalvables, pero, como te he dicho antes, no es relevante.

Lo que es realmente relevante es la fuerza de los contactos. Cuantos más contactos tienes y de mayor calidad, tus probabilidades de llegar a mucha más gente o a aquellas personas que realmente te interesan (directa o indirectamente) aumentan de forma exponencial y con ellas la posibilidad de vender tu mensaje.

Tus relaciones son tu mejor herramienta para construir tu lista de contactos. Puedes pensar en cualquier persona interesante. Puedes conectar con cualquiera. Puedes llegar hasta.... ¿Por qué no?

Lección nº 94: Tus contactos son tu mejor activo. Trabájalos adecuadamente.

Lección 95

¿Quién Habla A Mis Espaldas?

Si eres pequeño, sabes que el ruido es importante. Cuanto más ruido tiene tu negocio, mejor. Llegas a más gente.

El Word of Mouth (boca a boca) puede suponer más del 80% del negocio para las pequeñas compañías. Es un parte crítica del negocio.

Word of Mouth y tecnología

Se ha producido una especie de explosión. Todo el aspecto social de Internet. Los blogs. Las redes... El Word of Mouth parece que se desarrolla con las posibilidades técnicas.

Es una ilusión. Lo cierto es que el Word of Mouth no es un producto de la tecnología.

¿Ayuda? Seguro, pero no arranca nada. No transforma nada. El boca a boca está ahí desde siempre. Está en la naturaleza humana. En nuestra naturaleza social.

Es difícil saberlo con exactitud, pero muchos dicen que la parte del león sigue siendo offline. Que más del 70% del ruido se produce fuera de las redes.

¿La Tecnología? Aumenta las posibilidades. Te hace llegar un poco más lejos. Amplifica la señal.

¿Cuál es su fuerza?

Te gusta hablar. A ti y a todos. Hablamos de lo que nos interesa. De lo que nos apetece. Básicamente hablamos de todo. ¿Por qué? Porque hay placer en el mero hecho de compartir, de hablar, de escuchar y ser escuchado.

Ahí está su fuerza. No obedece a modas ni a técnicas. Por eso está ahí. Por eso no puede desaparecer.

Word of Mouth Marketing

Puedes dejar que se produzca de una manera natural. Ocurre. Tus clientes quedan satisfechos por…, encuentran interesante el… y hablan.

Da resultados, pero puedes mejorarlos. Puedes mejorarlos mucho si ayudas a que el ruido viaje tanto como pueda.

Todo lo que necesitas es organizarlo. Saber que puedes hacerlo. Saber cómo hacerlo y hacerlo. Cuando lo haces así es marketing. De otra forma es casualidad.

Tu responsabilidad es prender la mecha

Lo más difícil es ponerlo todo en marcha. Es una maquinaria pesada. Necesita un buen impacto para empezar a moverse.

¿A tus clientes les gusta hablar? ¿Sí? Pónselo fácil. Dales algo de qué hablar.

No es complicado. Hay mil maneras de hacerlo. ¿Cómo te relacionas con ellos? ¿Cómo son tus contactos? Ahí tienes que encontrar la motivación.

Puede ser tu producto. Alguna funcionalidad. Su nombre. Cómo lo comunicas. La forma en que tu equipo se relaciona con tus clientes. Tus garantías. Tus…

Estudia tu comportamiento. Entiende qué cosas tienen impacto sobre tu mercado. Qué puedes hacer para resultar interesante. Qué puedes hacer para que hablen de ti.

El mundo online lo ha popularizado, pero llevas mucho tiempo haciéndolo. Es un buen momento para poner orden, para darle sentido y hacer ruido. Cuanto más ruido, más negocio.

Lección nº 95: Dale a tus clientes motivos para hablar de ti. Pónselo fácil. Házselo atractivo. Hablarán. Hablarán y te traerán negocio.

Lección 96

¿No Conocerás A Alguien Con El Mismo Problema?

Hay muchas formas de comunicación. Todas tienen su sentido. Unas cubren unos objetivos. Otras cubren otros. Si alguna de ellas no ofreciese algo distinto, desaparecería.

Las recomendaciones son una forma de comunicación. Quizá la más importante para pequeños negocios. Tus resultados están en relación directa con las recomendaciones que recibes. Muchas recomendaciones, buenos resultados. No hay recomendaciones, tus resultados se resienten.

No es fácil conseguir recomendaciones. ¿Las buenas noticias? Las buenas noticias son que las recomendaciones se pueden trabajar.

Necesitas la actitud adecuada

El primer paso de todos es estar convencido. Ten claro que las recomendaciones de los demás son fundamentales. La mayor parte de tu negocio depende de ellas. Cuando lo entiendes, debe formar parte de tu manera de actuar.

Tu negocio tiene que favorecer las recomendaciones. Todo lo que haces está dirigido a que te recomienden. Tu estrategia de marketing es conseguir recomendaciones.

Debes ser más recomendable

¿Qué es esto? Debes desarrollar las características apropiadas para que te recomienden. Todos los negocios no son iguales. Todos los negocios no son recomendables.

Si quieres que recomienden el tuyo, tienes que ser mejor. Tienes que superar las expectativas de tus clientes. Cuando les entregas lo que esperan, sólo estás cumpliendo. No eres memorable. Fíjate un objetivo por encima de esas expectativas. Sé ambicioso. Ve a por él y supéralo en todas tus actuaciones. Si lo haces, serás más recomendable.

Las recomendaciones se piden

Por directo que parezca, las cosas son así. Si no pides recomendaciones, no es probable que te lleguen muchas. Cuando lo haces directamente, las probabilidades de conseguirlas aumentan drásticamente.

Muchas veces no recomendamos simplemente porque no nos acordamos. En ocasiones hay que activar la palanca de recomendación de nuestros clientes. Hay que saber cómo pedirles esa recomendación. Así, cuando llegue el momento, sabrán lo que tienen que hacer. Sabrán que tienen que recomendarnos.

¿Dónde están tus amplificadores?

Tienes que pensar en quiénes son las personas más adecuadas. Quiénes pueden hablar de ti o de tu negocio y hacerlo bien. Los más obvios son tus clientes. Por lo general, deben ser el centro de atención de tus estrategias de recomendación.

Pero no te quedes ahí. Investiga todos los grupos que tienen algo que ver con tu negocio. Analiza si existen puntos de contacto, si pueden ser un buen transmisor de tu mensaje. Elige los que te parezcan más afines. Desarrolla una estrategia de acercamiento y conecta. No es necesario ser cliente para recomendar algo.

Las recomendaciones son un instrumento muy poderoso. Son directas. Conectan necesidad con producto. Solucionan problemas. Nos las creemos.

Lección nº 96: Los grandes negocios organizan sus recomendaciones. Desarrollan estrategias para mejorarlas. Viven por y para ellas. El resto sólo espera que alguien se acuerde de ellos en algún momento.

Lección 97

¿Te Puedo Sacar Una Foto?

Jugadores de fútbol, actores, políticos,... Seguro que has estado en alguno de esos restaurantes que llenan sus paredes con fotos de famosos. Un montón de famosos comiendo en el restaurante.

Es un buen reclamo. Cuando asocias tu negocio con celebrities parece que lo subes de nivel. Si es bueno para las celebrities tiene que ser bueno para todos. Tiene sentido y funciona.

Me pregunto qué pasaría si, en lugar de celebrities, cubriesen las paredes con fotos de sus clientes.

Nos gusta lo que nos afecta

Nos interesan las cosas que tienen que ver con nosotros. Lo que influye en nuestras vidas y lo que nos afecta. Todo aquello que refleja una parte de nuestro entorno está en nuestras vidas. Nos sentimos cómodos.

Una fotografía puede ser suficiente para conseguirlo. No necesitamos nada más. A partir de ahí, formamos parte de ese negocio.

Estamos en deuda

Robert Cialdini hablaba del principio de reciprocidad. Cuando alguien nos hace un favor, estamos psicológicamente en deuda. Haremos todo lo posible para devolver el favor en la primera oportunidad que se presente.

Aquí ocurre lo mismo. Cuando alguien nos reconoce como sus clientes y nos lo agradece con sus fotografías, hemos contraído una deuda. ¿Por qué? Porque nos está diciendo que somos importantes para él. A todos nos gusta significar cosas para los demás y haremos lo posible para demostrarlo.

Vamos donde pertenecemos

El sentido de comunidad es un principio muy potente. Tendemos a buscar grupos con los que nos identificamos. Grupos que nos acepten. Tenemos la necesidad de formar parte de algo.

Cuando los encontramos, nos sentimos en nuestro entorno natural. Cuando los encontramos vamos.

Las celebrities funcionan. Los clientes también. Es muy probable que con unas cuantas fotos de tus clientes desarrolles algunos de los principios que he comentado.

Las fotografías son un ejemplo. Da lo mismo lo que utilices en tu negocio. Cada uno te ofrecerá unas posibilidades diferentes. Lo único importante es que tus clientes se sientan parte de él. Cuando esto ocurre, tienes un gran negocio.

Lección nº 97: Consigue que tus clientes se sientan parte de tu negocio. Que sea un poco suyo. Cuando lo consigues, tienes clientes para muchos años.

Lección 98

Los Trozos De madera Más Famosos Del Mundo

En 1983, Paul Hartunian tuvo la idea que le ha hecho pasar a los libros de publicidad como el autor de una de las campañas de Publicity (repercusión en medios de comunicación no pagada) más geniales de la historia.

Estaba viendo las noticias de la mañana en Televisión. Después de muchos años de historia y desgaste, el Ayuntamiento de Nueva York había decidido cambiar las traviesas de madera originales del Puente de Brooklyn.

Una idea increíble

Paul supo que acababa de dar con la historia que había estado buscando durante tanto tiempo. Enseguida se puso manos a la obra. Llamó a la empresa encargada de la remodelación del puente. Les preguntó por el destino de los travesaños de madera que habían retirado. Al descubrir que iban directos a la basura, hizo una oferta insignificante por todo el lote más envío a domicilio. Encargó a otra compañía que recortase las traviesas en pequeños tacos cuadrados. De esta forma, podría enviarlas por correo.

Cuando terminó con todos estos preparativos logísticos, redactó una nota de prensa donde explicaba toda la operación. ¿El título de la nota de prensa? "Un hombre de New Jersey vende el Puente de Brooklyn... por 14,95 $". ¡Fantástica!

En la nota, incluía el certificado de autenticidad que acompañaba a cada uno de los trozos del puente y un dibujo de la caja utilizada para hacerlos llegar a los compradores.

Sacó copias de todo. Preparó sobres con el nombre y dirección de los periodistas que le interesaban. Metió la nota de prensa y el certificado de autenticidad del puente en los sobres y directo a la oficina de correos a realizar el envío.

En un día, Paul Hartunian había conseguido organizar toda la operación, preparar el material promocional y enviarlo a una serie de editores con el fin de conseguir la repercusión en medios que buscaba.

Un par de días después el asunto explotó y un montón de periodistas empezaron a perseguirle para hablar con él y conseguir una entrevista. Paul Hartunian se había convertido en toda una celebridad de la noche a la mañana.

No todo depende del presupuesto

La conclusión de esta historia es que Paul Hartunian tuvo una idea feliz, la supo comunicar a quién tocaba hacerlo y consiguió publicidad gratuita (Publicity) por valor de millones de dólares.

La historia de Paul es una evidencia muy clara de la fuerza de la Publicity. Una buena idea te puede aportar más repercusión en medios (gratis) que muchas campañas de publicidad tradicional con grandes presupuestos.

Por otra parte, la Publicity tiene una característica imbatible. La Publicity es percibida por el público en general como información y no como Publicidad. De esta forma, evitas la barrera defensiva que todos ponemos cuando sabemos que lo que leemos, vemos o escuchamos es un mensaje comercial. En este caso, se trata de una noticia que interesa y que se consume como información tal cual.

Paul Hartunian consiguió que su pequeña historia sobre la venta del Puente de Brooklyn tuviese una repercusión en medios de comunicación muy por encima de lo que había previsto. Un gran gancho y una serie de pasos bien trabajados le han permitido pasar a la historia de oro de la Publicity.

Lección nº 98: Presta atención a los elementos que rodean tu negocio. Construye historias sorprendentes sobre ellos y conviértelas en noticia. No hay mejor publicidad.

Lección 99

Una Apuesta Arriesgada

Siempre hay varias formas de hacer las cosas. Unas son más arriesgadas que otras.

Cuando optas por la vía tradicional, conoces el terreno. Te sientes más seguro. También, tiene sus contras. Es difícil que llegues más lejos. No puedes esperar grandes sorpresas.

Luego hay fórmulas menos convencionales. Las que se salen de la norma. Aquí las cosas son diferentes. Estás en terreno por explorar. Todo es excitante y nuevo. Los resultados no son previsibles.

Harimaya

Harimaya es una compañía japonesa que vende galletas. El negocio les ha ido bien. Ahora, ha decidido devolverle al mundo parte de lo que el mundo le ha entregado.

"Free Café" es su apuesta. Una cadena de cafeterías en Japón. Una cadena de cafeterías algo diferentes. GRATIS

La idea es sencilla. Cafeterías con un toque occidental y café y galletitas gratis. Café y galletitas gratis para todos los que pasen por allí.

¡Ah! Si te gustan, te las llevas. Eso ya es de pago. Puedes comprar las galletas que te gusten más, pero no tienes ninguna obligación.

Gratis es una palabra importante

Sí, es una palabra con mucha fuerza. Una palabra que genera millones de consultas en los buscadores. Una palabra con capacidad para movilizar. Una palabra atractiva.

Si haces cosas gratis, está bien. Es notorio. No puede pasar desapercibido. Gratis y calidad. Es una locura. Te aseguras la repercusión en los medios. La repercusión en general. A la gente le gusta hablar de estas cosas. Yo lo estoy haciendo aquí.

Además, si le das un toque social, mejoras la fórmula. "Devolver parte de lo que me habéis entregado... Por un orden mejor... En busca de...".

¿Es suficiente?

Las marcas salen reforzadas. Estas estrategias les aportan valores interesantes. Mejoran ante los ojos de su mercado. Son más grandes.

¿Es suficiente? Quién sabe. Ésa es la parte del riesgo. La parte de la novedad. Al final, el negocio es lo que es. Ingresos. Cualquier estrategia que te permita vender más de forma ética, es buena.

Este tipo de estrategias son interesantes. Pero son peligrosas. ¿Mejoran la imagen de tu compañía? Seguro. ¿La mejoran lo suficiente como para compensar el esfuerzo? Eso es más difícil. Medir estas acciones resulta complicado. No hay una relación directa.

Las intenciones son buenas, pero los resultados son números. Todo pasa por ahí.

Harimaya sabe que tiene que hacer sus números. Sabe que tiene que analizar el resultado de su arriesgada apuesta. Pero también sabe que sin riesgo no hay negocio.

Lección nº 99: Utiliza distintas fórmulas para dar a conocer tu negocio. Prueba cosas nuevas. Asume riesgos, pero acótalos.

Lección 100

La Estrategia Del
Sombrerero Loco

El Sombrerero Loco es un tipo divertido. Sirve té y celebra su no-cumpleaños. Es raro. Tiene un enfoque diferente.

Alicia está sorprendida. ¿Qué celebras? ¿Tu no-cumpleaños? Es divertido. Mejor que eso.

"También es mi no cumpleaños". Es un motivo para alegrarse.

La actitud es diferente. Todos celebran su no-cumpleaños. Todos tienen una razón poderosa para estar contentos.

Han cambiado las reglas del juego. Todo funciona mejor. Caben más.

Siempre es mejor más que menos

El Sombrerero lo dice. Todos lo sabemos. "Mejor más que menos". Si pueden ser más, ¿por qué tienen que ser menos? Si puedes celebrar más días, no celebres menos.

El no cumpleaños es una gran estrategia. Cambia 1 por 364. Cambia menos por más. Convierte lo especial en muchos especiales. Convierte lo escaso y bueno en bueno y abundante. Es inteligente.

Tú también puedes hacerlo. Busca la oportunidad. Cambia los enfoques. Míralo todo desde otro ángulo. Hazlo todo excepcional.

Las celebraciones te predisponen

Es un estado de ánimo. Simplemente, te encuentras diferente. Te encuentras mejor. Te encuentras más predispuesto.

Tu actitud no es la misma cuando celebras que cuando no celebras. No te comportas igual en una ocasión especial.

Especial es especial. Tu actitud también. Es bueno crear situaciones especiales que predispongan a la gente. Que predispongan a tus clientes. Que te coloquen en una situación mejor.

Funciona

Hay muchos que lo saben y lo utilizan. La semana de... El día de... Las posibilidades son infinitas. Hay miles de no-cumpleaños.

Es una buena forma de acabar con la normalidad y crear momentos excepcionales.

Tu mercado te lo agradece. La normalidad es más aburrida. Si puedes cambiarla, ¿por qué no hacerlo? Si puedes cambiarla, hazlo. Encuentra el motivo, encuentra el momento y hazlo.

La estrategia de celebrar el no-cumpleaños es una gran estrategia. Todos ganan. Tus clientes salen de la normalidad. Tienen mejor actitud. Están más predispuestos.

Tú puedes ingresar más.

Lección nº 100: Convierte lo normal en excepcional.

Lección 101

Una Gaseosa Con Sabor A Árbol De Navidad

Jones Soda es una compañía de bebidas de Seattle (Estados Unidos). Aunque tiene una cartera de productos amplia, se ha hecho famosa por sus bebidas carbonatadas.

Jones ha conseguido hacerse un hueco en un mercado muy maduro. ¿Su receta? Colocarse donde no se coloca nadie. Atreverse a hacer lo que nadie ha hecho antes. Presentarse en un mercado maduro como un producto nuevo.

Cuando otras compañías han ido perdiendo mercado, Jones ha ido ganando protagonismo. Se ha convertido en una de las bebidas de moda del público joven.

Sus sabores

Hay que ser muy valiente para sacar una soda con sabor a "El día de acción de gracias". Jones lo es. Tiene todo tipo de sabores. Todo tipo de nombres divertidos que enganchan a su público.

Puedes elegir el que más te apetezca. Soda con sabor a paté de salmón, pavo, patatas y mantequilla, pastel de manzana, árbol de navidad, guisantes, poción de amor, dulce victoria, monedas de chocolate, pera picante,...

Sus colores

Azul, rojo, verde, amarillo, negro, naranja, violeta, granate,... Todos los colores valen. Todos están en sintonía con sus sabores. Todos aportan algo.

Son divertidos. Son atractivos. Enganchan. Pero, sobre todo, son diferentes. Se sitúan al otro lado. Se desmarcan de su competencia.

Sus etiquetas

Sus etiquetas son una parte fundamental de la personalidad del producto. Le aportan dos elementos. Interactividad e imagen. Involucran a sus consumidores en el diseño de las etiquetas. Les piden que les envíen fotos. Van almacenando todo lo que reciben y eligen las fotografías que formarán parte de las etiquetas de las próximas ediciones.

También, dejan un pequeño espacio para que el cliente envíe su particular versión de galleta de la fortuna. Llenan las etiquetas de frases inspiradoras.

La imagen es importante. Se identifican con un público joven. Sus fotografías en blanco y negro tienen un look moderno y transgresor que encaja con ese tipo de público. La gente se identifica y reivindican su diferencia consumiendo su marca favorita.

Su marketing

Empezaron con canales de distribución alternativos. Vendían su soda en sus propios frigoríficos. Los colocaron en tiendas de skate, surf, snowboarding, ropa y música. También explotaron alternativas más radicales como salones de tatuajes y piercing.

Toda su estrategia se adaptaba a la perfección a la imagen rebelde que quería vender a su público.

Sólo al final, cuando ya estaban introducidos en su público objetivo, cerraron acuerdos con grandes cadenas como Starbucks, Barnes and Noble, Target, 7-Eleven,...

Jones ha conseguido su protagonismo en un mercado muy difícil. Ha decidido no seguir a los demás. Construir su propia personalidad. Hacer que otros se sientan identificados. Ser una parte importante de la vida de sus clientes.

Jones ha ha sido capaz de desarrollar un negocio donde nadie creía que se pudiese hacer. Jones ha desarrollado un negocio y hace dinero con él.

Lección nº 101: Si quieres competir en mercados maduros, colócate donde no se coloca nadie.

CAPÍTULO 9

Bueno, Bonito, Barato

"Los vendedores tímidos tienen hijos delgados".

-Zig Ziglar

Lección 102

Ponte En Marcha

La primera Ley de Newton. ¿Cuál es? Todo cuerpo que permanece en reposo tiende a seguir en reposo hasta que otra fuerza ajena a él lo pone en movimiento.

Esto le pasa a los cuerpos y nos pasa también a las personas. Vamos a hablar de acción. Vamos a hablar de actuar. Es un tema interesante.

Una reunión de ventas

Al poco de empezar a trabajar en una compañía, tuvimos una reunión de ventas. A las dos semanas de entrar. A aquella reunión asistió el gran jefe. También estaban el director de la oficina, el supervisor y los ejecutivos de cuentas que nos habíamos incorporado.

Las reuniones de ventas son siempre más o menos igual. Se empieza por el cargo más alto y se va haciendo un rondo de preguntas.

"¿Bueno... qué, qué habéis vendido? Pues hemos vendido... Lo que sea. ¿Qué tenéis en el pipeline (acuerdos a punto de cerrarse)?

Tenemos esto, esto otro, esto otro,... ¡Fantástico! ¿Y qué estáis prospectando? Bueno pues andamos en esto y en esto... ¡Bien!"

La ronda de preguntas continuó. Cada uno fue contestando, en función de sus carteras, lo que correspondiese. Finalmente, llegó mi turno. Dos semanas trabajando. Dos semanas. Y me pregunta... "¿Salvador, qué has vendido? Bueno... la verdad es que llevo dos semanas y no he tenido la oportunidad de vender nada. Estoy aclimatándome todavía. ¿Bueno... qué tienes en el pipeline? Pues te lo he dicho antes. Todavía no he tenido la oportunidad de reunirme con nadie. Para darte una idea de lo que estoy haciendo en este momento, me he puesto en contacto con nuestro departamento de marketing y, bueno... pues estoy de alguna manera recogiendo toda la información sobre la cartera, estoy segmentándola, estoy viendo todos los sectores que tengo, cómo atacarlos,... en fin, todo esto. Pero, bueno..., todavía no he salido a ver a nadie".

Ese hombre se me quedó mirando con una cara desencajada y me dijo... "¿Perdona, todavía no has salido a ver a nadie? Llevas dos semanas... Efectivamente, porque llevo dos semanas no..."

El gran jefe me clavó su mirada y me dijo... "la preparación no nos trae dinero. El dinero nos lo traen los clientes. Entiéndeme, no estoy diciendo que no pienses. No estoy diciendo que no prepares. Lo que te estoy diciendo es que pienses y prepares sobre la marcha.

Vosotros, los comerciales, sois como el Marco Polo de la situación. Sois exploradores y ahí fuera, delante de vosotros, hay un mercado que tenéis que investigar que tenéis que explorar. Entiende cuáles son esas necesidades y cúbrelas con nuestro producto. Ponte en marcha YA."

Principio de Puesta en Marcha

De todo esto sale el "Principio de Puesta en Marcha". ¿Qué es? "El Principio de Puesta en Marcha" hace referencia al tiempo que tardas desde que tienes una idea hasta que la pones en funcionamiento. Es un aspecto crítico para los negocios. Es fundamental.

¿Cuál es el enemigo de "El Principio de Puesta en Marcha"? La Parálisis por Análisis. Puedes investigar, puedes analizar,... puedes intentar crear tu megaplan. ¿El megaplan? El megaplan no sirve si no lo pones en marcha. No sirve absolutamente para nada. Parálisis por Análisis.

Lección nº 102: Ponte en marcha YA. Si tienes que pensar (y tienes que hacerlo), hazlo en movimiento.

Lección 103

¿Tú, Qué Vendes?

Hay dos tipos de personas. Los vendedores y los vendedores que piensan que no lo son. ¿Tú a qué tipo perteneces?

Los vendedores saben qué es lo que tienen que hacer. Vender es su profesión. Cubren las necesidades de los demás con sus productos o servicios. Solucionan problemas. Cuando dejan de hacerlo, dejan de vender.

Los vendedores que no lo son creen que saben lo que hacen. No trabajan con carteras de clientes. No utilizan argumentarios de venta. No tienen reuniones de ventas. Creen que lo suyo es diferente.

Todos somos vendedores

¿La realidad? Todos somos vendedores. Consciente o inconscientemente. Vendemos a todas horas.

1.- Vendemos amistad. Me gusta tu forma de ser, de hacer o de pensar. Te vendo mi tiempo a cambio del tuyo. No hay un intercambio económico. Pagamos con emociones.

2.- Vendemos relaciones sentimentales. Un paso más allá de la amistad. El concepto tiene mucho que ver. Intercambias atracción y pagas con sentimientos.

3.- Vendemos colaboración. Somos un equipo. Funcionamos de forma conjunta. Mi apoyo te ayuda. El tuyo también.

4.- Vendemos atención. Me interesa lo que dices. Me aportas. Tu información me hace sentir mejor. Te vendo mi atención a cambio de tu información.

5.- Vendemos compañía. La soledad puede resultar incómoda. Ofrece tu compañía a cambio de la de los demás. Es un win-win. Todos ganamos.

6.- Vendemos comprensión. Hay muchos momentos difíciles. Tú los tienes. El resto también. Pon en venta tu comprensión y es muy probable que te paguen con la misma moneda.

7.- Vendemos...

Realmente, no importa a qué tipo perteneces. Seas como seas eres vendedor. Todos lo somos. Todos vendemos cosas a todas horas. Está bien. Es lo que hace que el mundo se mueva todos los días.

Lección nº 103: Da lo mismo lo que pienses, todos somos vendedores. Tú también.

Lección 104

Texto Y Transparencias No Es Una Buena Combinación

En la década de los ´90 era advertising producer de una cadena de televisión. Era algo así como el responsable de organizar la publicidad (formatos, duraciones, posibilidades,...) dentro de los distintos programas.

Acabábamos de incorporar un nuevo formato y me tocaba presentárselo a todos mis compañeros comerciales. Una transparencia, texto. Otra transparencia, texto. Más transparencias, más texto...

Al final de la presentación, se me acercó el director comercial de la cadena. Me cogió por el brazo y me dijo. "Una presentación que tiene más de 10 transparencias y más de tres líneas por transparencia no es una presentación, es un coñazo".

¿Cómo preparas tus presentaciones de ventas?

Si eres como la mayoría, es muy probable que trabajes muy duro llenando tu Power Point de números, características, beneficios, gráficos, y todo tipo de datos.

Por lo general, ésta es la fórmula más utilizada en cualquier departamento comercial. Juntas toda la información. La estructuras. Te presentas delante del cliente con un Power Point de 50-60 slides y la mejor de tus sonrisas.

Este tipo de presentaciones no funciona siempre. Bueno... funciona cuando tu competencia hace algo parecido. Cuando no hay diferencia. En ese caso, gana el que defiende con mayor soltura su presentación. Pero, en cualquier otro caso, tus posibilidades de éxito son reducidas.

¡Cuidado!

Las presentaciones que siguen estos patrones suelen cometer varios errores:

1.- Son aburridas. Independientemente de estar en un entorno profesional, necesitas enganchar a tu audiencia. Si no tienes su atención todo será más difícil.

2.- Abusan de los datos. Debes tener en cuenta que la mente humana recuerda en bloques de 7 más menos 2. ¿Qué significa esto? Pues que todo lo que sea presentarle ideas, conceptos, números, comparaciones,... que superen el 5 (por encima del 5 empiezas a perder audiencia) no se suele recordar.

3.- No contemplan nuestra capacidad de atención. Las personas somos capaces de mantener bloques de atención de unos 20 minutos. Una vez transcurridos, debes darle un giro a tu presentación para conseguir la atención de tu audiencia de nuevo.

4.- Olvidan la emoción. No recuerdan que su objetivo es convencer a personas de carne y hueso. Personas que se pueden sentir más identificadas contigo y tu compañía si eres capaz de encontrar las claves que les motivan.

Cuenta una historia

Para ganarte a tu audiencia, derrotar a tu competencia y trabajar presentaciones ganadoras tienes que contar historias que vendan

Cuenta una historia. Pon a tu cliente en el centro del universo y explícale lo que puede ocurrir si utiliza tu producto o servicio (resultados). Utiliza experiencias con otros clientes para ilustrar tu presentación...

Maneja ideas y sopórtalas con datos (pocos). Las ideas son más potentes que los números. Utiliza estos últimos sólo cuando es estrictamente necesario. Intenta presentarlos de una forma simple. Siempre podrás dejarle toda la información al final.

Emplea distintas técnicas

Cada uno de nosotros procesa la información de forma distinta. Algunos prefieren la comunicación oral. Otros se sienten más cómodos con las imágenes. También, los hay que necesitan hacer, tocar, revisar... para entender lo que tratan de explicarle.

Utiliza inteligentemente todas estas posibilidades para llegar a todo el mundo.

Sé breve y vende un solo concepto

Una buena presentación de ventas es un ejercicio de quitar y no de añadir. Es decir, tienes que ser capaz de sacar de la presentación todo lo que no es fundamental y quedarte con el solomillo.

Además, si intentas vender más de un tipo de producto o servicio, tendrás problemas. Cuando nos dispersamos, nos cuesta más tomar decisiones.

Vender no es fácil. Ganar clientes es una de las tareas más complicadas de cualquier negocio. De todas formas, si quieres tener una ventaja sobre tus competidores, actúa de una manera distinta y relaciónate con tus clientes como no lo hacen ellos.

Lección nº 104: Si quieres aumentar tus ingresos, cuenta historias que vendan.

Lección 105

Tu Ejército De Incondicionales

¿Qué dirías si estás estrenando el abrigo que te compraste hace unos días, metes la mano en el bolsillo y sacas un papel donde dice "Eres una Diosa"? Seguro que te sorprendería. Además, sería una sorpresa agradable.

Así es como empieza John Jantsch su libro "The Referral Engine" (El Motor de las Referencias). Jantsch comenta la anécdota que le ocurrió a su mujer cuando, unos días después de comprarse un abrigo, lo estrenó y encontró ese papel en su bolsillo.

La experiencia fue tan curiosa y agradable que, tanto él como su mujer, investigaron quién era el fabricante de la prenda y se dedicaron a recomendarlo a su círculo de influencia. A partir de ahí, desarrolla en el libro su sistema de referencias.

No hay mejor venta que la venta de un amigo

Sin duda, una buena política de referencias es una de las estrategias más potentes que puede implantar una pequeña compañía. Imagínate todo un ejército de clientes incondicionales recomendando tus productos o servicios a sus contactos.

No hay mejor venta que la de un amigo. Es directa. Es fiable. Es efectiva porque entra dentro de la categoría de los consejos. ¡No se cuestiona!

Todos debemos aspirar a consolidar una buena política de referencias, pero ésta no funcionará si no hay nada que referenciar.

¿Qué significa esto?

Que debes darles a tus clientes algo que les sorprenda lo suficiente como para que lo tengan siempre en la cabeza.

Que lo que les des debe tener el suficiente valor como para que quieran compartirlo con sus amigos.

Si no lo consigues, no importará el nivel de esfuerzo que hayas dedicado a definir tu política de Referencias: "tus resultados no serán buenos".

¡Ah! No olvides que la sorpresa de la que hablo tiene que estar relacionada con tu producto o servicio y el mensaje que quieres asociar al mismo.

No vale cualquier sorpresa. Hay que ser coherente con tu mensaje fundamental y reforzarlo siempre que tengas la oportunidad de hacerlo. De esta forma, te asegurarás que todos los que te referencian se apoyarán en el mismo mensaje para hablar de ti.

Hay negocios enteros que se han desarrollado únicamente a base de las referencias de sus clientes. Dedícale el tiempo que se merece esta estrategia y los resultados irán llegando.

Lección nº 105: Sorprende a tus clientes muy por encima de sus expectativas y habrás formado la mejor fuerza de ventas que puedas imaginar.

Lección 106

Una Historia De Miedo Muy Divertida

Piensa en el siguiente argumento. Una pareja recién prometida va en busca de un viejo amigo. En el camino, su coche se avería y piden ayuda en un castillo.

Allí les recibe el mayordomo Riff Raff. Un tipo calvo con joroba. Luego conocen a su hermana Magenta. Juntos se incorporan a la Convención Anual Transilvana que se celebra en el castillo. Riff Raff, su hermana y un grupo de transilvanos bailan el "Time Warp".

Poco después aparece el gran protagonista. El Doctor travesti Frank-N-Furter. El doctor les lleva a todos a su laboratorio para mostrarles su creación: Rocky Horror. Un atractivo y atlético personaje. Después, el delirio continúa...

¿Qué te parece? Increíble. ¿No?

Es el argumento de la película "The Rocky Horror Picture Show". Una película con un presupuesto ridículo que lleva en cartel más de 35 años y ha recaudado más de 140 millones de dólares.

¿Cuál es la fórmula del éxito? Sus clientes. Unos clientes enloquecidos que han seguido a esta película durante más de tres décadas. La clave es saber cómo conseguirlos.

A veces hay que salirse de la carretera

"The Rocky Horror Picture Show" se estrenó en 1975. Fue un relativo fracaso. Canceló su estreno en Nueva York y terminó retirándose de la mayoría de los cines.

Luego, empezó su recorrido en las sesiones de medianoche. La cosa funcionó. Al poco tiempo, habían superado las 200 salas. Hasta hoy.

La película tuvo que salir de los circuitos convencionales para tener éxito. Cuando lo hizo, se convirtió en una de las películas más famosas de la historia del cine. Hoy, es un auténtico fenómeno de culto.

A veces, hay que salirse de la carretera principal y buscar otras rutas que te puedan llevar más lejos.

Todo cambia cuando hay conexión

¿Qué cambió? Cambió la audiencia. Cambiaron los clientes. Los clientes de las sesiones golfas son distintos. Son más rebeldes. Son más divertidos.

La audiencia empezó a interactuar espontáneamente con la película. Animaban a los actores. Cantaban. Saltaban. Se metían dentro de la historia y montaban su propio espectáculo.

La voz se fue corriendo y cada vez acudieron más. Más clientes que seguían saltando, cantando y divirtiéndose con la película. Conectaron.

Hay que facilitar el movimiento

Hasta ese momento, todo era espontáneo. Surgía. Funcionaba y movía a las masas. Pero se podían hacer más cosas. Se podía facilitar el movimiento. Intentar darle fuerza para hacerlo más grande.

Empezaron a colocar actores en las salas para que incitasen al público. Para ayudarles a arrancar. Se disfrazaban como los personajes. Representaban las escenas con ellos.

En algunos cines, regalaban todo tipo de objetos para utilizarlos durante la proyección. Periódicos para imitar la escena de la lluvia. Globos que hay que explotar cuando alguien dice algo en concreto. Gorritos de fiesta para acompañar canciones...

De esta forma, le daban continuidad al fenómeno. Se aseguraban más conexión y conseguían construir uno de los grandes fenómenos de la historia del cine.

Tus productos o servicios también pueden atraer a este tipo de clientes. Clientes enloquecidos. Clientes que te sigan siempre.

Es posible que tengas que buscar rutas alternativas para conseguirlo. Pero, si tu producto conecta con tu público y tú sabes cómo ayudarle, quizá tengas un largo recorrido por delante. Quizá tengas un recorrido que dure más de 35 años.

Lección nº 106: A veces hay que salirse de los caminos tradicionales para conectar con tu público. Cuando lo consigues, tienes resultados independientemente del camino.

Lección 107

Naturalezas Diferentes

Hay una cierta confusión. Muchos tienen dificultades para diferenciar productos y servicios. Hablan de marketing en general. Luego, se lo aplican a todo.

La realidad es algo diferente. La realidad de los servicios es una. La de los productos es otra. ¿Se parecen? Tienen cosas en común. Hay muchas más cosas que les separan.

Ves, tocas, comparas

Los productos funcionan así. Son físicos. Es más fácil entenderlos. No necesitas demasiada interpretación. Unas características. Unas funcionalidades. Unos beneficios.

Si al final encajan con los que buscas, adelante. Si no es así, buscas otros. Los puedes comparar fácilmente. Hay más cosas, pero la atención está puesta en el producto.

Imaginas lo que no puedes ver

Cuando vendes servicios, las cosas son diferentes. ¿Qué vendes? ¿Conocimiento, experiencia,...? Es posible. Pero, en la mayoría de las ocasiones, todo eso se supone. No es diferencial. Todos deberían tenerlo.

Los servicios no se ven, no se tocan y se comparan mal. No existen hasta que se ejecutan. No vuelven a existir hasta que se ejecutan de nuevo.

Para poder valorarlos, tienes que imaginarlos. No hay muchas más posibilidades.

Naturalezas diferentes

Es así. Los productos siempre están ahí. Los utilizas, les sacas partido,... Te recuerdan tu decisión. Cuando se rompen, se quedan obsoletos, se... los repones. Hay un refuerzo constante.

Los servicios funcionan de otra manera. Cuando los ejecutas, desaparecen. No queda una referencia permanente. No están ahí. Es una pequeña desventaja, pero ésa es su naturaleza.

Lo que tienes que saber

Todo funciona con beneficios y relaciones. Tu producto o servicio ayuda a alguien a conseguir algo. Beneficio. A partir de ahí, se establece un vínculo. Relaciones.

Beneficios y relaciones afectan a productos y servicios. Pero les afectan de una manera diferente. Los pesos no son iguales.

Tienes que saberlo. Tienes que saber que, cuando vendes un servicio, no estás vendiendo un producto. Tienes que saber que, cuando vendes un servicio, estás vendiendo una relación.

Lección nº 107: Los productos y servicios no son iguales. Su marketing tampoco lo es.

Lección 108

¿Cuánto Cuesta Esto?

Los precios son importantes. Tu margen depende de ellos. Precio alto, margen alto. Precio bajo, margen bajo. Es algo muy obvio.

¿Cómo fijarlos? Eso es diferente. No es tan obvio. Siempre hay consideraciones. ¿Qué precio es el adecuado? ¿Cuál me ayudará a facturar más? ¿Cuál me ayudará a tener más beneficios?

Las matemáticas no son la solución

Calculas el coste del producto. Materiales. Mano de obra. Distribución. Publicidad... Lo sumas todo y le colocas un margen. Un margen que te parezca razonable. Ni muy alto, ni muy bajo. Algo que no produzca rechazo y que te permita hacer un negocio digno.

Tiene sentido, pero no funciona. El tema es algo más complicado. No basta con ir sumando partidas y esperar que el mercado las asuma sin más.

Hay muchas más cosas. ¿Qué piensa tu consumidor? ¿Cómo se comporta la competencia? ¿Cómo te percibe el cliente?...

La psicología es importante

Lo más difícil es asumir que el precio no es objetivo. No depende de criterios racionales. ¿Hay intuiciones? Claro. Situaciones en las que puedes esperar determinadas reacciones. Pero no se producen siempre.

Si subo el precio, tendré menos demanda. Sí o No. Todo depende. Depende del producto. Depende del entorno. Depende del...

Eres joyero. Tienes un diamante a un precio reducido. Vendes poco. ¿Por qué? Porque las diamantes no tienen precios reducidos. Un diamante barato no es un diamante. Es otra cosa ("Influence"- Robert Cialdini). Le subes el precio. Lo encareces. Vendes más.

La psicología es importante. Es un elemento fundamental a la hora de fijar precios. Tienes que entender cómo piensa tu cliente. Cómo se comporta. Cuáles son sus palancas. Cómo puedes activarlas.

¿Por qué fijar un precio de 9,99 €?

Porque funciona. 9,99 € o cualquier otro precio similar funciona. ¿Es demasiado evidente? ¿Se ha utilizado hasta la saciedad? Sí, claro que sí. Todos lo sabemos. Pero sigue funcionando.

Los precios están locos. Pueden tener distintos comportamientos, pero hay algunas pistas. La clave hay que buscarla en nuestra naturaleza. En nuestra forma de entender las cosas.

Funciona lo que nos da sensación de ahorro (precios que terminan en X,99 ó X,97 ó...). Funciona lo que nos da sensación de calidad (precios altos para productos de lujo,...). Funciona lo que nos da sensación de eficiencia (precios bajos para servicios indiferenciados: avión...). Funciona lo que está a nuestro alcance (precios que se pueden pagar a plazos). Funciona lo que es escaso (quedan tres unidades,...). Funciona lo que...

Fijar precios no es sencillo. Cada producto funciona de una manera. Cada compañía es distinta.

Presta atención a la naturaleza de tus clientes. Ellos tienen todas las pistas. Los modelos están bien. Hay que conocerlos. Pero la respuesta la tienen tus clientes. Prueba distintas fórmulas y quédate con el mejor precio.

Lección nº 108: El precio es mucho más que un número. Es lo que determina tus resultados. Piensa en tus clientes y fija el precio de tus productos.

Lección 109

Arte Callejero

¿Qué descuento me haces?

¿Cuántas veces has tenido que escuchar esta frase? ¿Cuántas veces has accedido a reducir tus tarifas?

Bajar precios no es un buen negocio. Por lo general, te mete en una espiral enloquecida a la baja que destrozará tu margen.

Los precios deben recoger el valor que tu producto o servicio aporta al mercado al que te diriges. Si tu producto aporta valor y has fijado correctamente tus tarifas, ¿por qué hay que bajarlas?

El concierto de L'enfant

El 12 de enero de 2007, un joven violinista tocó durante 45 minutos en L'enfant Plaza, una de las estaciones de metro con más tráfico de Washington.

El músico era un joven aparentemente normal que vestía ropa casual (vaqueros y camiseta de manga larga).

Durante toda su actuación, sólo se detuvieron siete personas (de 1.097 que pasaron cerca de él) y otros 27 le dieron algún dólar suelto.

Estos son algunos de los datos del experimento que llevó a cabo el Washington Post. El Diario quiso saber cuál sería la reacción de la gente al escuchar música clásica en una estación de metro.

Como te he comentado antes, el resultado fue bastante pobre y el joven violinista sólo pudo captar la atención de siete personas que se pararon a escuchar una parte de su improvisado concierto.

Más datos

Para terminar de entender este experimento, hay que conocer un dato: el violinista de llamaba Joshua Bell (uno de los músicos más cotizados del mundo) y el instrumento que utilizó para tocar piezas de Bach, Schubert y otros fue su Stradivarius de 3.5 millones de dólares.

La conclusión de esta historia es que uno de los violinistas más famosos del mundo, que 3 días antes había llenado hasta la bandera el Boston Simphony Hall (precio entrada normal 100$), no fue capaz de captar la atención y el dinero de las personas que pasaron cerca de él.

¿Cuál es el precio correcto?

¿Cuánto vale escuchar a Joshua Bell? ¿Los más de 1.000$ por minuto que puede cobrar este tipo de celebridades o la calderilla que recaudó en su concierto del metro?

Si tenemos en cuenta que Josua Bell era el mismo en los dos eventos y que tocó con el mismo entusiasmo, ¿por qué esta diferencia? ¿Cuál es el precio del arte de Joshua Bell?

Bueno, lo cierto es que puede tener varios precios dependiendo del entorno. Cuando Joshua Bell toca en el Boston Simphony Hall, el precio de su arte es de decenas de miles de dólares, pero cuando toca en el metro no es más que calderilla.

¿Por qué? Por varias razones.

En primer lugar, es poco probable que los usuarios del metro sean el mercado más propicio para este tipo de producto. Si tuvieras que definir cuál es el cliente ideal, no pondrías en primer lugar las personas que viajan en metro.

En segundo lugar, el sitio donde realizó el concierto. El hecho de tocar su música en una estación de metro no contribuyó a colocar su arte en el sitio que le corresponde.

En tercer lugar, el momento en el que se produce todo el evento no parece ser el más apropiado. Cuando la gente tiene prisa por llegar a algún sitio, es poco probable que disfrute de este tipo de experiencias.

Está en tu mano

El precio puede ser lo que tú quieras que sea. Si te diriges a clientes que no pertenecen a tu mercado natural, el precio tendrá que bajar.

Si no empaquetas, envuelves o adornas correctamente tu producto o servicio, el precio tendrá que bajar.

Si no eliges el momento adecuado para ofertar tu producto, el precio tendrá que bajar.

Pero si, por el contrario, manejas correctamente estos términos, podrás sacarle el partido para el que tu producto fue creado.

¿Qué descuento me haces? Es probable que aquéllos que te piden rebajas de precio no pertenezcan a tu mercado o, si pertenecen a él, no sean el tipo de clientes que quieres tener.

Puedes situarte en el tramo de precio para el que diseñaste tu producto o puedes bajarlo tanto como quieras. En definitiva, el precio es lo que tú quieras hacer de él, pero no todos los precios te llevarán al mismo sitio.

Lección nº 109: El precio es lo que tú quieras que sea. Asegúrate de que haces todo lo que tienes que hacer para que sea así.

Lección 110

La Belleza Importa

Tienes unos pocos segundos para causar tu primera impresión. Si me pareces interesante, querré saber más de ti. Si no es así, es difícil que tengas una segunda oportunidad.

Así funcionan las relaciones personales. Existe un contacto. Una impresión. Evalúas la impresión y emites un juicio. Sí o No. Se acabó.

El proceso es el mismo. Se repite siempre y es difícil modificarlo. Todo lo que puedes hacer es intentar aprovecharlo.

¿Cuál es la clave?

La clave es la impresión que transmites. Esos pocos segundos en los que la otra persona se hace una idea de ti. Ahí tienes el control.

Sobre la impresión puedes influir. Tu aspecto, tu forma de hablar, tus gestos, la forma en la que vistes,... todo influye en la imagen que transmites. En cómo te perciben.

Si manejas estos elementos, puedes causar la impresión que buscas. Puedes ganarte la confianza para seguir adelante con la relación.

Tu negocio no es diferente

El tema es intuitivo cuando hablas de relaciones personales. Si quieres causar una buena impresión, te arreglas, comportas, hablas,... correctamente. No puede ser de otra manera. Así aumentas tus probabilidades. Todos lo sabemos.

Es curioso, no ocurre lo mismo con tu compañía. Aquí las cosas son diferentes. La identidad corporativa está bien, pero hay cosas más importantes. No tienes recursos para todo. Mejor invertir en tu producto, en tu campaña de comunicación, en... Da lo mismo. La idea es generar negocio. Los nombres, los logotipos, las imágenes... están bien. Son bonitos, pero...

¿Por qué? ¿Por qué piensas que tu negocio sigue unas reglas diferentes? ¿Por qué piensas que la imagen no importa?

El proceso se repite

No tiene que ver con la naturaleza de tu negocio. Pasa con todos. Lo primero que verá tu cliente será tu imagen. Un nombre, un símbolo, una pequeña charla, un...

El mecanismo se repite. Contacto, impresión, evaluación, juicio. ¿Es importante? Seguro. Es el momento en el que tu posible cliente decide si quiere seguir adelante o no. Si puede convertirse en cliente tuyo o no.

Es natural. Pasa con las personas y también pasa con los negocios. Si no te gusta la imagen de una compañía, no le dedicas más tiempo. Hay otras que te pueden ofrecer más confianza.

Éste es el momento de invertir en tu imagen. Es el momento de ponerte tus mejores galas y causar la mejor impresión posible.

¿Por qué los guapos venden más?

Porque transmiten una buena impresión. Pasan el corte y aumentan sus probabilidades. Simplemente, siguen en el juego cuando otros se han caído por el camino.

Las compañías "guapas" funcionan así. Saben que su imagen es importante. Invierten en ella. Intentan controlarla y se ganan el derecho a seguir en el juego.

¿El producto, el servicio, el...? Claro, todo es importante. Todo es crítico. Pero primero el primer paso y luego los demás.

Tu negocio se tiene que ganar el derecho a la relación con tu cliente. Si no lo consigues, tus productos increíbles o tu servicio excepcional no van a poder hacer mucho por ti.

Ser pequeño no es una excusa. Tus clientes no hacen negocios con compañías grandes o pequeñas. Hacen negocios con compañías profesionales y eliminan las que no lo son.

Lección nº 110: Invierte en tu imagen. Construye una identidad profesional. Convierte el primer contacto en una experiencia memorable. Pasa el corte y vende más.

Lección 111

Las Cosas No Son Lo
Que Parecen

Cuando la administración decidió dar más licencias de televisión, hubo una pequeña revolución. Todos hablaban de lo mismo. "Ahora, todo va a ser distinto. Han cambiado las reglas del juego".

La idea era simple. Más proveedores. Más segundos en el mercado (espacio publicitario). Caída de precios. El axioma es el de siempre. Cuanto más producto, más oferta y menos precio. Así es como funcionan las cosas.

Las cosas no son lo que parecen

Pero las cosas no son siempre así. O, por lo menos, no son siempre lo que parecen. El argumento falla en este caso. Con más televisiones, hay más segundos de publicidad. Eso es cierto. Pero no hay más oferta.

Es una trampa. Es una trampa que funciona en muchos mercados. No vendes lo que crees que vendes. Vendes otra cosa. Es una trampa que hay que evitar.

En este caso, más segundos no es igual a más producto. Puedes pensar que la televisión vende segundos. No es así. La televisión vende audiencia (consumo de televisión) y la audiencia total (el consumo) no cambia en función del número de televisiones. Es decir, la audiencia será la misma aunque lances todas las televisiones del mundo (algo más de 200 minutos por persona y día).

¿Cuál es tu producto?

El precio de las grandes televisiones no cayó. Es más, siguió aumentando (la explicación es algo más compleja pero basta con la reseña). Las expectativas no se cumplieron y muchos quedaron desorientados.

Ocurre con demasiada frecuencia. Crees que vendes algo, pero realmente estás vendiendo otra cosa. La televisión no vende segundos, vende audiencia.

¿Qué vendes tú? Es una pregunta estúpida. Todo el mundo sabe lo que vende. Debería. Pero no siempre es así. En ocasiones, hay miopía. En ocasiones, las cosas no están tan claras.

Cuestión de enfoques

Hay dos maneras de enfocar la situación. Te puedes poner en tus zapatos. Aquí no hay discusiones. Tienes un producto o servicio. Lo conoces a la perfección. Sabes quién lo necesita. Se lo vendes. Vendes el producto.

Hay otra manera de enfocarlo. Te pones en los zapatos de tu cliente. Tienes una necesidad. Buscas la mejor manera de satisfacerla. La encuentras. Compras la solución a tus problemas.

La televisión no vende segundos (producto). ¿Por qué? Porque los anunciantes no están interesados en ellos. A los anunciantes les interesa llegar a su público. Cuantos más mejor. Eso no se consigue con segundos, se consigue con audiencia. Las televisiones venden audiencia.

Esto pasa en todos los negocios. En el tuyo también. Hay veces que creemos que vendemos algo y realmente no es así. Vendemos otra cosa muy diferente.

El tema es importante. Si no sabes qué es lo que vendes, ¿cómo vas a hacerlo? Es peor aún, si crees que vendes otra cosa, trabajarás para vender algo equivocado.

Lección nº 111: Si no quieres malgastar tus esfuerzos, debes tener claro cuál es tu producto.

Lección 112

Productos Ganadores

No es fácil. Todos los departamentos de marketing trabajan en ello. ¿Qué producto es el ideal? ¿Qué puedo hacer para mejorarlo? ¿Qué componentes debe incorporar el próximo éxito en ventas?

Características, funcionalidades, colores, formas,... Todos los elementos son importantes. Todos aportan algo, pero...

En ocasiones, estamos tan obsesionados en pensar cómo debe ser nuestro producto que analizamos todo desde dentro. No funciona.

Sólo compro lo que conozco

El cementerio está lleno de productos fantásticos. ¿Por qué? Por muchas razones, pero seguramente el desconocimiento es una de ellas.

No basta con ser popular. Una cierta popularidad puede ser una trampa. Pensamos que con salir es suficiente. Que con exponernos es suficiente. No es así. Hay que hacer más cosas. Además de exponerse, hay que exponerse ante la gente adecuada. Hay que contactar con tu mercado real.

La afinidad con tu mercado es importante. Cuando la dejamos de lado, los resultados no son los mismos. ¿Salir? Sí. Tienen que verte. Cuanto más mejor. Pero tiene que verte tu mercado, los que te compran o pueden comprarte. ¿El resto? El resto es sólo popularidad poco rentable.

Los productos interesantes lo son por algo

Los productos que venden más conectan con el interés de su mercado. Les ahorran algo, les hacen ganar algo o encajan perfectamente con sus emociones.

Cuando tu producto es interesante para un mercado concreto, hay una razón de peso para comprarlo. Aporta algo que tu mercado valora. Algo por lo que están dispuestos a realizar un esfuerzo.

Cuando no es interesante o no lo es para el mercado al que te diriges, las probabilidades de éxito no son muchas.

Fácil es una gran palabra

La vida es complicada. Muchas cosas de las que nos rodean son complejas. Valoramos lo que nos hace la vida más fácil, lo que nos ahorra tiempo y esfuerzo.

Muchas compañías ofrecen soluciones sencillas. McDonald´s no te hace pensar: pocos menús, parecidos y a precios bajos. Sencillo. Apple desmitifica la tecnología: interfaz lleno de iconos, muy intuitivo, pocos comandos. Claro. Ryanair simplifica los viajes: un trayecto, un precio, un sistema. Fácil...

Los productos sencillos se dirigen a todos. Los productos complejos reducen su mercado. Sólo conectan con los que saben lo suficiente como para hacerlos sencillos.

Mejor entretenido que...

Nos gusta divertirnos. No hay una sola razón para no hacerlo. Si puedes, mejor entretenido.

Las compañías aéreas te ofrecen películas en sus aviones. Los trenes también. La idea es hacer que el producto o servicio aporte lo que tenga que aportar y que lo haga de una forma entretenida.

La razón es sencilla. Frente a dos productos que hacen lo mismo, siempre te quedarás con el que te lo hace pasar mejor.

No hay grandes secretos que te permitan vender más. Pero sí hay una serie de elementos que te pueden ayudar. Elementos que cuando los utilizas tienen un efecto multiplicador sobre tus ingresos.

Lección nº 112: Los productos ganadores conectan con su mercado, son fáciles y son divertidos.

Lección 113

El Tamaño Del Carrito De Compra Puede Decidir Tus Ingresos

¿Sabías que Walt Mart incrementó sus ventas cuando aumentó el tamaño del carrito de compra? Parece increíble, ¿verdad? Pues sí, con tan sólo aumentar las dimensiones del carrito consiguió un mayor número de ventas.

En ocasiones, estamos demasiado obsesionados con lo que los ingleses llaman "The Big Picture" (la gran foto) que hace referencia a los aspectos más macro, más relevantes (aparentemente) de nuestro negocio (estrategias, organización,...) y dejamos de lado o no le prestamos suficiente atención a los detalles de nuestras operaciones.

Muchos más

Como el caso de Walt Mart hay más: caramelos a los que se les pone un palito (ChupaChups) o Donuts que se venden en paquetes de dos en lugar de hacerlo individualmente, trapos a los que se les coloca un palo y se convierten en fregonas,... En fin, la lista podría continuar, pero creo que te haces una idea.

Con esto no estoy diciendo que olvides todo lo que has hecho hasta ahora y te centres única y exclusivamente en ajustar y mejorar las pequeñas cosas que rodean a tu negocio. No, lo que quiero decir es que debes prestar atención a todo lo que puede ser fuente de ingresos.

Los pequeños detalles lo son. Es más, en muchas ocasiones estos pequeños detalles pueden marcar la diferencia como acabamos de ver.

Identifica todo lo que es susceptible de mejora. Imagina cuál podría ser el resultado si lo trabajases suficientemente. Y, si las cuentas te salen, dedícale el esfuerzo necesario para que contribuya al desarrollo de tu negocio con todo su potencial.

Hay veces que los pequeños detalles son los más grandes.

Lección nº 113: Todos los negocio tienen pequeños detalles que pueden multiplicar sus resultados. Descubre los tuyos.

Lección 114

Mejor Escuchar

Los vendedores suelen tener argumentos. Trabajan las distintas situaciones y confeccionan argumentos. Argumentos para cada una de ellas. Es la forma tradicional de vender. Con argumentos.

En este modelo, los vendedores que tienen más argumentos tienen más posibilidades. Es una relación directa. Argumentos, éxito.

Hay otras formas de vender. Hay vendedores que tienen preguntas. Preguntas inteligentes. Ellos saben dónde quieren llegar y utilizan las preguntas para conseguirlo. Ellos ponen las preguntas. Sus clientes ponen los argumentos.

El gran secreto de las preguntas

El gran secreto de las preguntas es que necesitan respuestas. Nuestro cerebro funciona de esa manera.

Cuando hacemos una pregunta, dejamos una parte de la ecuación abierta. Tu interlocutor tiende a cerrarla. Necesita hacerlo.

Tenemos la necesidad psicológica de cerrar la pregunta con una respuesta. Si no lo hacemos no estamos cómodos. Es como si quedase algo pendiente. Algo que tenemos que solucionar.

La mejor manera de encontrar cosas

Las preguntas son una herramienta muy potente. Te ayudan a dirigir. Si las sabes utilizar, te pueden llevar a cualquier sitio.

Lanzas una pregunta en una dirección. ¿Es la dirección correcta? Bien. ¿No? Lanzas otra pregunta y corriges el tiro. Ése es el mecanismo.

Las preguntas te van despejando el camino y te indican el destino final.

También te dicen cómo

Todo está en tus clientes. Ellos lo saben todo. Al menos, todo lo que te interesa.

Las preguntas te pueden ayudar. Tienes que utilizarlas. Tienes que saber que no todas las preguntas son iguales. Unas te ayudan más que otras.

¿Qué información necesitas? Plantea la pregunta. Hazlo de una manera abierta. Utiliza el qué, cómo, porqué. Puedes utilizar otras fórmulas, pero no tienen tanto recorrido.

Ahora, sólo tienes que escuchar. Escucha todo lo que te dicen. Ahí está todo. La información que necesitas y las pistas para la siguiente pregunta.

Puedes hablar o puedes preguntar. Los que hablan llenan su ego. Los que preguntan llenan su bolsillo.

Lección nº 114: Una buena batería de preguntas puede ser tu mejor arma de ventas.

Servir Bebidas Con Una Sonrisa Ayuda

La sonrisa es un gran conector. Dos personas sonríen, conectan y, a partir de ahí, todo es diferente.

Es intuitivo. Por lo general, es más agradable y sencillo relacionarte con gente que sonríe. ¿Por qué? Te hacen las cosas más fáciles. Al menos, lo parece.

La sonrisa dinamiza relaciones. Consigue que avancen. Eso está bien. Además, hace que aumente la confianza entre los que sonríen. Más relación, más confianza, más posibilidades de generar ingresos

Bebidas y sonrisas

Tidd y Lockard (1978) realizaron un estudio que intentaba demostrar el poder de la Sonrisa.

En una recepción de negocios, instruyeron a una camarera para que ofreciese distintos tipos de sonrisa:

1.- Sonrisa evidente. Boca abierta y expresión natural de felicidad.
2.- Sonrisa leve. Boca cerrada y pequeño esbozo de sonrisa de cortesía.

La camarera utilizó el primer tipo de sonrisa con el 50% de sus clientes y el segundo tipo de sonrisa con el 50% restante.

Los resultados se analizaron a tres niveles: el número de bebidas que pidieron a la camarera, las propinas que le entregaron y las sonrisas de vuelta que consiguió.

a.- Número de bebidas: el cincuenta por ciento que recibió una sonrisa evidente consumió un número mayor de bebidas que el resto.

b.- Propinas: la propina media que recibió del grupo 2 (sonrisa leve) fue de 20 centavos. La que recibió del grupo 1 (sonrisa evidente) sumaba 48 centavos. Un incremento del 140%.

c.- Sonrisas de vuelta: el grupo 1 (sonrisa evidente) superó con creces al grupo 2 en número de devolución de sonrisas.

La conclusión parece evidente. Todos los que fueron tratados con alegría y recibieron una gran sonrisa, devolvieron la sonrisa, consumieron más y dejaron más propinas. Generaron más ingresos.

Seguro que no es muy científico decir que una gran sonrisa aumentará un 100% tus resultados. Da lo mismo. Lo que es importante es entender que una muestra de afecto hará que tus clientes quieran consumir tus productos. Que quieran consumirlos más que los de la competencia que no sonríe.

Lección nº 115: Ponle una sonrisa a todo lo que hagas, tus resultados te lo agradecerán.

Lección 116

Piropos

Puedes salir y hablar. Puedes decirle al mundo lo bueno que eres. Puedes mostrar a todos lo que has conseguido. Puedes hacer lo que quieras. Pero no suele funcionar. La razón es sencilla. Eres tú. Eso no da mucha confianza.

Hablar de uno mismo plantea dos problemas. No es elegante. A la gente no le gusta demasiado escuchar qué bien lo haces y cuánto te quieren tus clientes. Si lo haces, tienes que hacerlo muy bien para que se entienda, para que no se te vuelva en contra.

Además, no es creíble. Seguro que todo es cierto. Seguro que detrás sólo hay buenas intenciones, pero suena raro. Sigues siendo "tú" el que hablas de "ti". "Tú-ti" no es una buena combinación.

Cambia los roles

Las cosas funcionan de una manera algo diferente. Si tus resultados son buenos, hay que decirlo. Hay que explicarlo. Hay que venderlo. El concepto no falla. Falla la ejecución.

Es una cuestión de roles. Tu rol es hacerlo. Tu rol es conseguirlo. Tu rol no es venderlo. Ése es el rol de tus clientes. Son ellos los que tienen que hablar de ti. Son ellos los que tienen que decir que eres increíble. Que eres el gran tipo.

Cuando lo hacen, las cosas son diferentes. Las palabras pueden ser las mismas, pero el impacto no tiene nada que ver. Tus clientes tienen ese poder y tú tienes que saber aprovecharlo.

Es cuestión de confianza

El testimonio de un cliente tiene una fuerza increíble. Sirve para muchas cosas, pero, fundamentalmente, tiene que ver con la confianza.

Tú no eres creíble. Por lo menos no eres creíble cuando hablas de ti. Tus clientes sí lo son. No les mueve ningún interés. Sólo quieren compartir lo que les gusta. Tú les gustas y hablan de ti.

Eso es un atajo. Si alguien habla bien, te ahorra mucho tiempo. Ya no tienes que investigar si aquél que te ofrece el producto es de fiar o no. Alguien lo ha hecho por ti. Te está diciendo que funciona. Que puedes utilizarlo. Te está ahorrando tiempo.

La autoridad también es importante

Cuando los demás hablan de ti y lo hacen bien, te están colocando a otro nivel. Sí, están diciendo que se puede confiar en ti. Además, están diciendo que eres bueno. Si muchos lo dicen, te conviertes en una autoridad.

Confianza y autoridad están muy relacionadas. Es una pareja atractiva. Funciona. Cuando lo consigues, te conviertes en una persona con influencia o en un negocio con influencia. Eso es todo lo que quieres. Quieres tener la capacidad de influir sobre tu público. De dejar una huella en tu mercado.

Los Testimonios hay que recogerlos

Todo esto está muy bien. Más o menos se conoce. Nos gusta que hablen bien de nuestros productos, servicio, trabajo,... Pero todo esto no sirve de nada si no recoges lo que dicen los demás.

Es aburrido. No le interesa a nadie. Pero los testimonios no existen hasta que no los recoges. Tienes muchas oportunidades.

Siempre que han probado tu producto o servicio es una buena oportunidad.

Hay que estar preparado. Debes tener mentalidad de testimonio. Saber que, cuando se presenta la oportunidad, hay que pedirlo con naturalidad. Si has cubierto sus expectativas es probable que te lo den. Si las has superado, estarán encantados. Aprovecha el momento cuando se presenta y hazte con un montón de pruebas. Pruebas de la calidad de tu producto.

Es difícil encontrar mejores argumentos de venta que un montón de buenos testimonios. Los has trabajado, te los has ganado. Ahora, sólo te queda recogerlos y decirle al mundo lo que otros dicen de ti.

Lección nº 116: Cuando Tú hablas de ti, eres un vanidoso. Cuando otros hablan de ti, eres una autoridad.

Lección 117

¿Tamaño Grande?

McDonald´s es una gran compañía. Ése no es un gran descubrimiento. Desde que Ray Kroc arrancó el negocio, las cosas han funcionado de maravilla para la franquicia. Hay otros muchos que hacen cosas parecidas, pero no son lo mismo.

Tiene sentido ver lo que hacen. Analizarlo. Aprender de ellos. Cuando las cosas van bien durante tanto tiempo, es por algo. Siempre hay una razón. Los líderes no dejan mucho hueco a la casualidad. McDonald´s tampoco.

Lo interesante de todo esto es que puedes aprender sus secretos. Sólo tienes que consumir sus productos y prestar un poco de atención. Ver cómo lo hacen.

¿Grande?

Estás en la cola. Llega tu turno y pides un "Big Mac". Enseguida, escuchas la voz de la persona que te atiende diciendo: "¿Menú Grande?".

Son dos palabras, pero es suficiente. No es necesario mucho más para disparar tus ingresos. Quizá no habías pensado en el tamaño grande. No pasa nada. Ahí está el personal de McDonald´s para recordártelo.

¿Por qué? Porque saben que en esa pregunta hay ingresos. Hay una gran diferencia entre hacerla y no hacerla. Es fácil. Sólo tienes que preguntárselo al cliente. Es fácil, pero hay unos pocos negocios que lo hacen y otros muchos que no.

¿Nuggets, alitas,…?

Afortunadamente, hay muchas posibilidades. ¿Te puedes decidir sólo por el menú? Claro que sí. Es más que suficiente, pero si le pones algún complemento puede mejorar. Ellos los tienen y te los ofrecen.

Si no eres de piedra, suelen caer unos nuggets de 6…o de 9 (el mecanismo se repite). Siempre tienes la posibilidad de incorporar un complemento. Siempre tienes la posibilidad de optar por el tamaño pequeño o grande.

El juego es un juego de opciones. No son demasiadas para no confundirte. Son las suficientes para que puedas considerarlas. Sus clientes las consideran y sus ingresos se multiplican.

¿Alguna cosa más?

Estás a punto de terminar, pero siempre hay tiempo para otra pregunta. Funciona como un resumen final: ¿Alguna cosa más?

Te están diciendo que esto se está acabando, pero antes debes pegar un repaso para no dejar nada por el camino (postre, bollería,…). ¿Que no se te ha olvidado nada? Perfecto. Habéis terminado. ¿Que sí? Perfecto. Tú contento y McDonald´s también. Más ingresos.

Son tres preguntas sencillas, pero tienen el poder de doblar tus ingresos. Te ayudan a vender más cantidad. Te ayudan a vender más cosas. Te ayudan a no dejar nada en el tintero.

Al final, todo es natural. Es fluido. Las preguntas entran cuando tienen que entrar y el proceso no se interrumpe. Al final, todos ganan.

Lección nº 117: Las 3 preguntas que debes hacer siempre a tus clientes: ¿Más cantidad? ¿Más Cosas? ¿Algo más?

Lección 118

Comida China

Seguro que has estado en uno de esos restaurantes asiáticos. Son grandes. Ofrecen de todo. La fórmula es sencilla. Un precio y buffet. Atractivo.

La variedad es increíble. Noodles, tallarines, chop suey, pato laqueado, chow mein, cerdo agridulce, sopa wantan, arroz frito, wanton mee, lo mein, char siu, salsa de ostras, kung pao, doufu, ternera con bambú, buddha´s delight, dim sum, jengibre, mantou, tong sui,...

La gente observa los platos. Algo les parece atractivo. ¿Por qué no? Se sirven. El mecanismo funciona así. Tiene un poco de aventura.

¿Por dónde empezar?

Hay un montón de negocios que siguen este patrón. Muchas alternativas. Casi todas. Si puedes pensar en algo, es probable que lo tengan. Sólo tienes que bucear un poco.

Ése es el modelo. Dar opciones. Cuantas más mejor. La idea es ofrecerlo casi todo y pasar la responsabilidad al cliente. Ahora es tu turno. Tú tienes que decidir.

Suena atractivo. Cuantas más opciones mucho mejor. Cuantas más opciones eres más libre.

Todo esto está muy bien, pero luego hay que empezar. Siempre hay una pregunta. ¿Por dónde? Hay que empezar por algún sitio. Hay que empezar para poder aprovechar todas las alternativas.

Más información

Las opciones son interesantes. Te dan más posibilidades. Te amplían el campo. Siempre es mejor poder hacer más para quedarte en menos.

Las opciones son interesantes, pero complican tu elección. Lo hacen todo un poco más difícil. Ahora, tienes más dónde elegir. Ahora, tienes más probabilidades de confundirte. El resultado puede ser peor.

Las opciones tienen que ir acompañadas de información. Son dos conceptos que funcionan mejor juntos.

Cuando las opciones están solas, son demasiado arriesgadas. Pueden ser peligrosas. Cuando las opciones van con información, la cosa cambia. Eliminas el riesgo y te sientes más seguro.

Un poco de orden

Opciones más información es una buena pareja. Pero todavía puede ser mejor. Puedes ir más lejos.

¿Por qué no ayudar? ¿Por qué no ordenar? ¿Por qué no facilitar los primeros pasos? Es así como funciona. Recoges información. La ordenas. La entiendes mejor. Luego tomas decisiones.

Puedes hacerlo por tus clientes. Puedes ayudarles.

Hay muchas maneras de hacerlo. Puedes ordenar por la naturaleza de las alternativas. También, puedes hacerlo por la combinación de ellas. Puedes ordenar por cualquier criterio que tu cliente entienda y le facilite la decisión.

La información elimina el riesgo. El orden mejora la decisión.

Muchas opciones no es suficiente. Si quieres hacerlo, está bien. Si quieres ofrecer tantas alternativas como te sea posible, está bien. Pero es difícil que tu cliente las aproveche si no sabe que el "Kung Pao" es un pollo picante que sabe mejor cuando lo combinas con cacahuetes.

Lección nº 118: Cuando plantees opciones a tus clientes, dales la información necesaria para que puedan entenderlas correctamente.

Lección 119

Aprende A Colarte

No hay una respuesta sencilla. Hay demasiados tipos de clientes. Demasiadas formas de relacionarte con ellos. Unas tienen más éxito que otras.

Los clientes son distintos, pero tienen rasgos comunes. Rasgos que te permiten entender su naturaleza y que mejoran los resultados de tu relación.

El poder de un argumento

En 1978, los psicólogos Langer, Chanowitz, y Blank dieron con resultados sorprendentes cuando estudiaban patrones de respuesta automática.

En el experimento, los "ganchos" intentaban colarse en la cola de la fotocopiadora utilizando distintos argumentos.

La primera fórmula que utilizaron fue: "Disculpa. Son sólo 5 páginas ¿Me dejas pasar que tengo un poco de prisa?"

El resultado de este tipo de petición fue contundente. En el 94% de las ocasiones en las que la solicitud se planteó de esta manera (petición más argumento), la persona en la fotocopiadora cedió su sitio y el "gancho" consiguió su objetivo.

Sin razones todo es más difícil

La segunda fórmula mantenía la solicitud, pero suprimía la argumentación: "Disculpa. Son sólo 5 páginas ¿Me dejas pasar?"

Sin argumentación, los resultados fueron muy distintos. Sólo el 60% de las personas que se encontraban haciendo fotocopias cedieron el puesto a los "ganchos".

Lo más sorprendente

La tercera fórmula introducía una variante interesante. Mantenían la estructura de la primera fórmula: petición más argumento. Pero el argumento era un argumento vacío. "Disculpa. Son sólo 5 páginas ¿Me dejas pasar que tengo que hacer algunas copias?"

Los resultados fueron sorprendentes. El 93% de las personas cedieron su puesto en la fotocopiadora para dejar paso a alguien sin un argumento real. A alguien que tenía que hacer algunas copias. Claro, ¿qué va a hacer en una fotocopiadora?

La diferencia entre la segunda y la tercera fórmula es el "que" (el porqué). La diferencia entre la segunda y la tercera es el argumento. Al menos, la sensación de argumento. La sensación de que existe una razón.

¿Qué influye en nuestro comportamiento?

Las razones. Las razones tienen un peso fundamental en nuestra forma de comportarnos. Las razones influyen. Las razones convencen. Las razones tienen poder de persuasión. ¿Obvio? Sí, pero hay que hacerlo.

Además, cuanto más relevante es el hecho, más razones necesitas. Hay una correlación directa. Van de la mano.

Tus clientes quieren razones. Dales razones. Argumentos. Háblales de los beneficios. Cuéntales porqué puedes mejorarles la vida. Porqué puedes solucionarles el problema. Porqué...

Ésa es la clave para convencer a tus clientes. Dales un "porqué". Mejor, dales muchos. Lo están esperando.

Lección nº 119: Para convencer a tus clientes, tienes que darles razones. Cuantas más, mejor.

Lección 120

Un Millón De Clientes

¿Cuántos clientes quieres? Supongo que muchos.

No es fácil. Conseguir clientes requiere mucho esfuerzo. Lo puedes hacer de dos maneras. La vía tradicional. Contactos, potenciales, clientes,... O mediante vías alternativas.

La vía tradicional funciona, pero no es la única. No es la más barata. Tampoco es la más rápida.

Las vías alternativas dependen de ti. Del nivel de tu imaginación y de tu capacidad para ver las oportunidades.

Los clientes son casi infinitos

¿Qué tienes que hacer para ver un mundo lleno de clientes? Cambiar de forma de pensar. Si eres ortodoxo y quieres seguir la vía tradicional, está bien. Conseguirás clientes, pero tendrás limitaciones (presupuesto,...).

Piensa de otra manera. Piensa que los clientes de los demás también pueden ser tus clientes. Piensa que puedes aprovechar los clientes de los demás para venderles tus productos.

Es una buena idea y tiene muchas ventajas. Los clientes son casi infinitos. No tienes que invertir en publicidad. Otros han realizado el contacto. No tienes que generar potenciales. Otros lo han hecho por ti. No tienes que demostrar que tienen capacidad para gastar. Ya lo han hecho con anterioridad...

Los clientes de los demás pueden ser una gran oportunidad. Todo son ventajas si sabes cómo hacerlo.

Busca las oportunidades

Mira a tu alrededor. Busca a todos aquéllos que tienen una cartera de clientes parecida a la tuya. Pueden vender productos complementarios. Productos sustitutivos o cualquier otro tipo de productos dirigidos al mismo público. Si hay coincidencia de públicos, hay oportunidad.

Sólo tienes que evitar que tu producto sea competencia directa de alguno de los productos de tu posible partner.

Asegura un beneficio

Ésta es la fórmula. ¿Eres capaz de ofrecer un beneficio atractivo? Aumentas las probabilidades de hacer negocios juntos. ¿No? No tienes opciones.

No sustituyas fuentes de ingresos. No funciona. Tu beneficio debe ser de distinta naturaleza. Debe sumar y debe ser lo suficientemente relevante como para que resulte atractivo.

Fácil o imposible

Tiene que ser fácil. No te puedes quedar a medio camino. La compañía a la que te diriges no tiene que pensar demasiado. Debe ver un beneficio interesante con esfuerzo cero. De otra forma no funciona.

Encárgate de la idea, de la planificación, de los detalles,... Entrégale el proyecto llave en mano. Ellos ponen los clientes. Tú tienes que poner todo lo demás.

La clave para conseguir todos los clientes que quieras es pensar que lo puedes hacer. Aprender a ver a los clientes de los demás como posibles clientes propios. Diseñar las ideas. Venderlas. Encargarte de la ejecución y repetir el proceso.

El límite lo pones tú. El mercado está lleno de compañías que tienen clientes parecidos a los que a ti te interesan. Sólo tienes que ponerte en contacto con ellas. Ofrecerles esta colaboración. Hacerles ganar dinero y ganarlo tú.

Lección nº 120: Los clientes de los demás también pueden ser clientes tuyos.

Lección 121

Mucho Más Que Un Producto

¿Cuál es la razón por la que pagas en Starbucks tres veces el precio que pagarías en cualquier otro sitio? ¿Qué tienen las sudaderas de Abercrombie para costar el doble? ¿Cuál es la diferencia de Häagens-Daz? ¿...?

Es tentador crear argumentos sofisticados. Hablar de calidad y de otras muchas cosas más. Es tentador pero no es suficiente.

Puedes vender tu producto de muchas maneras. Puedes venderlo sin más o puedes venderlo como lo hacen ellos. Puedes venderlo y convertirlo en una experiencia.

La diferencia está en la experiencia

Leaf Van Boven y Thomas Gilovich (2003) llevaron a cabo un experimento para entender el impacto de la experiencia.

Le pidieron a un grupo de personas que recordasen las compras que les habían hecho más felices. Contemplaron dos categorías. Compras materiales y compras de experiencias.

Entre las compras materiales, podían incluir ordenadores, ropa, muebles,... cualquier elemento físico que hubiesen comprado y que les hubiese reportado una gran satisfacción.

Entre las compras de experiencias, deberían aparecer sus entradas a conciertos, comidas, teatro,... Momentos, vivencias, experiencias que les hubiesen hecho realmente felices.

La primera conclusión que sacaron fue que las compras de las experiencias habían resultado más placenteras.

La segunda conclusión era que la mayoría recordaba más y con mayor agrado las compras de experiencias que las compras de productos.

Las experiencias baten a los productos

Al final, eso es lo que queda. Las experiencias están por encima de los productos.

Las experiencias mejoran con el tiempo. Tiene sentido. Las experiencias no se pueden tocar. Sólo existen en la mente del consumidor. Cuando las recuerdas, tiendes a idealizarlas. Todo lo bueno, con el tiempo, es mucho mejor. Así es como funciona nuestra mente.

Hay otro factor importante. Las experiencias son únicas. No se pueden comparar. No hay cosas mejores. Nada puede dejarlas en segundo lugar.

Transforma tus productos

Starbucks, Abercrombie, Häagens-Daz, Absolut Vodka,... son productos. Pero también son experiencias.

Estas compañías han sabido convertir sus productos en experiencias. Han sabido ir un poco más allá.

Cuando consumes estos productos estás consumiendo una experiencia. Un café en Starbucks no es un café, es algo más. Un paseo por Abercrombie es algo que se te queda en la mente. Algo que no puedes olvidar...

Las experiencias venden. Venden más que los productos. Las compañías que lo entienden le sacan todo el partido. Convierten sus productos en experiencias. Evitan la competencia y venden más.

Lección nº 121: Los productos desaparecen. Las experiencias se quedan. Convierte tu producto en una experiencia.

Lección 122

¿Qué toca Ahora?

Lamentablemente, esta no es una pregunta que se hacen todos los emprendedores. Por lo general, ponen todo el esfuerzo en captar clientes potenciales y convertirlos en clientes reales.

Cuando lo han conseguido, parece que ha terminado el trabajo con ese cliente. Vuelven a poner foco en la captación y dejan que las cosas sigan su curso natural.

Este tipo de comportamiento no ayuda demasiado a tu negocio. Los ingresos de verdad están en el otro extremo. Están en la continuidad que esos clientes tendrán contigo.

Tu prioridad con tus clientes es el contacto. Establecer una comunicación natural y fluida para escucharles, atender sus necesidades y servirles.

El sistema no tiene que ser complicado, pero debes organizarlo correctamente e iniciarlo cuanto antes.

¿Cómo empezar?

Fácil. El cliente ha realizado su primera compra. Es un motivo fantástico para ponerte en contacto con él. Deja pasar unos días (tres o cuatro días) y envíale una nota de agradecimiento.

A la gente le gusta que le agradezcan el esfuerzo. Es una muestra de cortesía y de reconocimiento por haberte entregado su negocio.

Escríbela a mano. La nota tiene que ser sincera. Si utilizas un email o algo parecido, el tema no funciona. ¿La diferencia? Importante. Tu cliente ha realizado un esfuerzo para comprar tu producto y tú le contestas con el material de marketing de la compañía. No es correcto.

Felicítale por su decisión

Sí. Te han comprado un producto por primera vez. Es el inicio de una relación. Tranquilízale. Dile que ha tomado una gran decisión. Que los resultados van a ser fantásticos. Que no tenga ningún temor.

Tus clientes pueden tener dudas incluso después de la compra. Mucho más si son primerizos. Van a agradecer que refuerces su decisión y que te pongas a su disposición para lo que puedan necesitar.

Aprovecha el momento

Tu nota de agradecimiento es un momento perfecto para venderle de nuevo tu compañía. Recuérdale el tiempo que llevas en el mercado. El montón de clientes satisfechos que has ido generando y cuánto te gustaría hacer lo mismo con él.

No es un momento para hacer ofertas. Estás ofreciendo tu agradecimiento y poniéndote a su disposición. Si quieres introducir algo, debes hacerlo como una muestra más de ese agradecimiento (condiciones comerciales fantásticas). Además, el planteamiento tiene que estar relacionado con el producto que acaba de adquirir.

Cuando desarrollas estas estrategias consigues un efecto muy positivo en tu cliente. Le recuerdas su compra. Haces que piense de nuevo en tu compañía y le predispones a tenerte presente en sus próximas decisiones de compra.

Además, le muestras tu voluntad de tener un diálogo abierto con el fin de poder servirle de la mejor manera posible.

En el fondo, todos queremos sentirnos queridos. Tus clientes también. Y está es una buena forma de demostrarlo.

Lección nº 122: Dale continuidad a tus ventas. Escribe una nota de agradecimiento sincera y abre un diálogo con tus clientes.

CAPÍTULO 10

Errar Es Humano, Corregir Divino

"Experiencia es el nombre que todos dan a sus errores".

-Oscar Wilde

Lección 123

No Eres Tú

Tienes un producto o servicio. Crees que es bueno. Has trabajado mucho, has puesto mucho esfuerzo. El resultado es fantástico. Luego, lo comparas al de tu competencia. OK. Funciona.

El mercado ayuda a este tipo de comparaciones. Se organizan concursos, festivales, certámenes,...

¿Dónde está el estándar?

La idea siempre es parecida. Poner cosas en comparación y ver qué es mejor.

Aparecen estándares. Se marcan unas pautas. El sector se autorregula. Todo es muy ortodoxo. Todo está muy ordenado.

Creas una idea de éxito y juegas dentro de ella. ¿Por qué no? Tu producto es increíble. Tiene las mejores características. Las mejores funcionalidades. Todo está en su sitio.

El producto es bueno y las expectativas son altas. Tiene que ser así. Tienes todos los ingredientes para triunfar.

¿Cuál es el la respuesta?

Al final, los resultados llegan o no llegan. Da lo mismo. No hay control. Por lo menos el control que importa.

El mercado no termina de reaccionar. Tus clientes están fríos.

Es difícil de asimilar. Tienes un gran producto. Es un gran producto. ¿Por qué no lo ven? ¿Por qué no son capaces de entenderlo?

Párate un momento y piensa. El tema es sencillo, pero no es inmediato. Piensa. ¿Quién quiere el producto? Tu cliente.

¿Quién define el producto? ¿Tú, el sector,...? ¿No coinciden quién quiere y quién define? ¿No?

¡Es El Cliente!

Lección nº 123: No Te confundas. Todo, absolutamente todo, tiene que partir del cliente. Lo demás no importa.

Lección 124

¿Cuál Es La Dirección?

En 1961, John F. Kennedy proclamó el objetivo nacional de "poner un hombre en la luna y traerle sano y salvo de vuelta antes de finalizar la década". El 20 de julio de 1969, Neil Armstrong daba los primeros pasos por la superficie lunar.

La frase de Kennedy es una de las frases más famosas de la historia. También es una de las mejores muestras de lo que es una visión. La visión de una nación... o la visión de una compañía... o la visión de una persona.

La visión

Es una palabra muy utilizada. Aparece en manuales de gestión, en escuelas de negocio, en... en un montón de sitios.

Es parte de los elementos estratégicos de una empresa. Por lo general, se rellenan unas cuantas líneas con palabras que suenan bien y encabezan todos los memorandos de la compañía. Después, nadie se acuerda. Nadie sabe qué hay en esas líneas. Qué significa. Da igual. ¿A quién le importa?

La visión es eso, la visión. Algo que hay que completar. Tampoco hay que darle demasiadas vueltas.

Un hombre en la luna

Una única frase puede ser suficiente. No es necesario mucho más. Una frase que resuma todo. Que explique dónde quieres llegar. Qué quieres conseguir.

"Poner un hombre en la luna". Eso es todo. Explica todo. Dirige todo. Ésa era la visión de Kennedy. La visión de Estados Unidos. Conseguir llegar a la luna. Llevar a alguien allí. Demostrarse y demostrar a todos que tenían la tecnología. Que habían desarrollado los medios. Que eran capaces de conseguirlo.

"Poner un hombre en la luna antes del final de la década" significaba ser los primeros. Los más desarrollados. Allí es dónde imaginaba Kennedy que estaría su país. Allí es donde el presidente de Estados Unidos dirigiría sus esfuerzos. Esa era su visión.

Tu compañía

No es distinto. Cuando hablas de la visión de tu compañía es similar. Todo consiste en imaginar donde vas a estar en un tiempo determinado. Qué gran objetivo has definido para ti y para tu proyecto.

Luego, todo lo que tienes que hacer es perseguirlo. Las visiones funcionan como referencia. No son referencias fáciles. Exigen que trabajes para alcanzarlas, pero te marcan el camino.

Puedes definir tu visión como te parezca oportuno. Puedes utilizar palabras más o menos raras. Puedes hacer lo que quieras. Pero las visiones más potentes, las que funcionan, son las que intentan "poner un hombre en la luna" y hacen todo lo posible para conseguirlo.

Lección nº 124: Si quieres llegar a alguna parte, define correctamente tu visión y síguela.

Lección 125

El Barco Se Hunde

Cada año desaparecen miles y miles de pequeños negocios. Las cosas empiezan a ir mal. Poco a poco se van hundiendo y, finalmente, terminan por cerrar.

Ahí mueren un montón de ilusiones. Un montón de esfuerzos.

Esto ocurre. Cuando arriesgas puedes fallar. Es parte del juego. Si inicias algo por tu cuenta, hay probabilidades de que las cosas no vayan bien.

¿Cuál es tu papel? Disminuir las probabilidades de fracaso. Nunca desaparecerán. Forman parte del hecho de emprender. Si no hay riesgo, no hay beneficio.

Para disminuir las probabilidades de fracaso, tienes que saber porqué fracasas. Puedes fracasar por muchas razones, pero fundamentalmente hay tres:

No hay mercado

Así de fácil. Te has iluminado. Lo has visto. Has dado con la gran idea. Con algo que revolucionará el mundo. Te sientes en la cima. Es una sensación maravillosa.

Ahora, notas como la adrenalina corre por tu cuerpo y te lanzas a la aventura. Crees a ciegas en lo que haces. Te apasiona. Eso es magnífico. Tienes un lado dela ecuación. Quizá, te falta conocer el otro. ¿Cuál? El nivel de pasión de tu mercado.

Es increíble cuánta gente monta su negocio mirándose el ombligo. ¿La pasión es importante? Sí. ¿Tienes que hacer algo que te guste? Sí. ¿Entonces....?

Además de... tienes que asegurarte de que lo que haces o quieres hacer interesa a alguien más. A un número suficiente de personas o empresas que estarán dispuestas a pagar por ello. Si no es así no hay mercado. Si no es así, no hay negocio.

No hay interés

Hay otra posibilidad. El mercado existe. Hay un montón de gente comprando el tipo de producto o servicio que ofreces.

¿Cuál es el problema? El problema es que hay interés por la categoría de producto, pero no hay interés por tu producto.

Esto pasa. Pasa con mucha más frecuencia de la que puedes imaginar. Cuando compites en un mercado saturado y no eres el primero en llegar, tienes que ser interesante. Tienes que llamar la atención de tu mercado.

¿Por qué voy a dejar a mi proveedor si me ofreces lo mismo que los demás? ¿Por qué voy a asumir el riesgo del cambio? No hay una sola razón que lo justifique.

Haz que tu producto sea interesante. No hagas lo que hacen los demás. Busca otras opciones. Busca otros enfoques. Diferénciate de la masa. Vende tu diferencia.

No existes

Todo parece cuadrar. Un mercado ansioso. Un producto o servicio distinto que aporta cosas nuevas y... no tengo clientes.

¿Qué pasa? ¿Por qué no vienen? ¿Dónde están?

Están donde han estado siempre. El problema no está en los clientes. El problema está en ti.

Si no te ven, no existes. Si no te oyen, no existes. Si no tienes marketing, no existes.

Localízales. Contáctales. Utiliza los medios que tus clientes consumen. Visítales en el lugar en el que se encuentran. Habla su lenguaje.

El marketing consiste en eso. En identificar a tu cliente potencial. En saber dónde se encuentra. En comunicarte con él. En decirle qué es lo que le puedes ofrecer. En invitarle a que te visite. En convertirle en cliente.

Si tu marketing no funciona, si no saben que existes, ¿cómo te van a encontrar?

Todos los años mueren muchos pequeños negocios, pero tú puedes salvar el tuyo. Cuando las cosas dejen de funcionar, piensa en lo que acabo de contarte. Analiza estos tres puntos. Descubre cuál de ellos plantea problemas. Céntrate en él e intenta solucionarlo.

Lección nº 125: Las 3 razones por las que fracasa tu negocio son porque no hay mercado, porque no hay interés o porque no existes.

Lección 126

Dos Mejor Que Uno. Tres Mejor Que Dos, Cuatro…

Es normal que pongas toda la información en tu ordenador. Es algo que todos hacemos. El ordenador es una gran herramienta. Te puede ayudar. Vas colocando tu información de una manera ordenada. Allí está para cuando la necesitas.

Cuando las cosas son sencillas y funcionan, no te planteas escenarios. ¿Para qué? Con el ordenador pasa algo parecido. Es una buena herramienta que responde siempre. Concentras toda tu información en esa herramienta.

No haces copias de seguridad. No es necesario. Tu ordenador es fiable y robusto. Eso le pasa a otros.

Un día oyes un ruido raro y deja de funcionar…para siempre. O llegas a tu despacho y ya no está. Alguien se lo ha llevado…para siempre. O…para siempre.

Hay cosas importantes que se aprenden de la forma más dura. Ésta es una de ellas.

Los riesgos de concentrar

Hay veces que la concentración es atractiva. Inviertes todos tus ahorros en un valor que no deja de subir. Pones todos tus esfuerzos en una única estrategia que te trae más clientes de los que puedes gestionar. Depositas toda tu confianza en una persona que...

La tentación es grande. Cuando haces algo y funciona bien, ¿por qué dejarlo? Tienes un ganador. Hay que apostar por él.

El argumento es bueno. Es así. Si algo funciona, hay que darle juego. Yo lo hago y creo en ello, pero...

Tu Plan B

Hay que tener un Plan B. Siempre hay que tener uno. No, mejor tener varios. ¿Por qué? Porque las cosas pueden fallar. Porque las cosas se estropean. Lo dice la ley de Murphy y pasa constantemente.

¿Hay que concentrar? Sí, claro. Hay que sacarle el máximo partido a la estrategia que te trae más clientes. Hay que empujar al máximo los productos que se venden más. Hay que hacer todo eso. Es inteligente.

Pero hay que controlar el riesgo. No hay otra fórmula. Cuando concentras, aumenta el riesgo y hay que controlarlo.

Prueba alternativas. Da oportunidades a distintas estrategias. Desarrolla nuevos productos. Ten preparado tu Plan B.

Consecuencias

Si nunca te ha pasado nada,... ¡Enhorabuena! Eres uno de los afortunados. ¿Por cuánto tiempo? No lo sé. Lo que es seguro es que te podrá pasar en cualquier momento.

A mí me ha pasado. A muchos. Una, dos,...varias veces. Crisis total.

Dos situaciones. Plan B: controlas el riesgo y en poco tiempo puedes estar en funcionamiento de nuevo. Concentración sin alternativas: las consecuencias pueden tener una repercusión definitiva en tu negocio.

Las cosas pasan. A ti también. Todo puede cambiar en un momento. Prepárate. Trabaja tus alternativas. Prueba cosas nuevas constantemente. Cuando lo haces así, le puedes sacar todo el partido a la concentración.

Lección nº 126: No cometas el error de no tener alternativas. De no tener Plan B.

Lección 127

¿Qué Zapatos Te Vas A Poner?

Hay una escena en "Tras el Corazón Verde" en la que Joan Wilder (Kathleen Turner) se encuentra con Jack Colton (Michael Douglas) en medio de la selva colombiana. Joan es una escritora de novelas románticas acostumbrada a las comodidades occidentales. Jack es diferente. Es un tipo duro que lleva mucho tiempo en el territorio.

En la escena, Joan y Jack han caído por una pendiente. Se han golpeado y están llenos de barro hasta arriba. Joan se queja de lo difícil de la situación. De lo complicado que les resultará atravesar la selva. De...

Una de las mejores frases de la historia del cine

En medio de los lamentos de Joan, Jack se levanta, coge los refinados zapatos de su compañera y les arranca el tacón de un machetazo.

"¿Qué haces? ¿Estás loco? Son unos zapatos italianos". Jack le mira con cara de indiferencia y le dice: "Eran italianos. Ahora, son prácticos".

Adaptarse o...

Ésa es la idea. Adaptarse o morir. Pasa en todos los entornos. Pasa en todas las situaciones.

Empiezas de una manera. Las cosas cambian. El entorno se transforma. Ahora estás en otro sitio.

No merece la pena anclarse en el pasado. Enamorarte de tus ideas. Mantener los planes a rajatabla.

Las cosas cambian. Las situaciones son diferentes. Lo que tenía sentido antes es probable que no lo tenga ahora. Las cosas cambian. Puedes llevar tacones o arrancártelos de un machetazo.

Lección nº 127: Las cosas cambian. Tu entorno cambia. Tú debes tener la capacidad de adaptarte al cambio.

Lección 128

Encuentra El Error

Uno de los principales pasatiempos para chavales es el típico dibujo que contiene un error. El reto es observarlo con detenimiento y encontrarlo.

He pasado horas y horas con este tipo de dibujos cuando era niño. Era divertido. Por lo general, el dibujo tenía un montón de información. Muchos elementos. Tú lo estudiabas. Lo analizabas con tranquilidad intentando encontrar el fallo, lo que estaba fuera de su sitio.

Al final, aparecía. Era una satisfacción. En otras ocasiones, el error era tan insignificante que no podías dar con él. Un montón de tiempo para nada. Lo dejabas de lado y te centrabas en el siguiente dibujo.

Vivir en el pasado

Hay muchas compañías que siguen buscando el error. Quizá, es una especie de inercia o algo por el estilo.

Su gestión se centra en el error. ¿Qué hemos hecho mal? ¿Quién ha fallado? ¿Cómo ha podido ocurrir?

Estas compañías viven en el pasado. Viven dónde se produce el error. Dedican una gran cantidad de su tiempo a revolver lo que ya han hecho. Puede estar bien o no.

Hay dos tipos de todo

Hay dos grandes tipos de errores. Los que importan y los que no. Hay que saber diferenciarlos.

Los errores que importan: Son grandes, vistosos. No tienes que buscar mucho. Están ahí. Son tan grandes y evidentes que se han colado en tu "presente" y pueden condicionar tu "futuro". Estos errores tienes que trabajarlos. Estos errores tienes que corregirlos.

Los errores insignificantes: Los errores insignificantes son...insignificantes. Son pequeños, grises pasan desapercibidos. No tienen repercusión o no es relevante. Puedes buscarlos. Puedes encontrarlos, pero te van a aportar poco.

Hay dos grandes tipos de compañías. Las que solucionan los errores importantes y las que buscan todos los errores.

Las primeras engrasan la maquinaria y se preparan para tener muchos aciertos en el futuro. Las segundas dedican todos sus esfuerzos a la investigación policial y viven en un pasado permanente.

Buscar errores puede ser divertido. Especialmente, cuando eres pequeño. Pero es difícil avanzar cuando sólo caminas de espaldas.

Lección nº 128: Céntrate en lo importante. No busques errores pequeños que no mueven tu negocio.

Lección 129

Todavía No Está Seco

¿Sabes lo que es el Efecto Yeso?

El Efecto Yeso es un efecto curioso. Es un efecto que se da en entornos de construcción, pero puede ser perfectamente trasladable al mundo de los negocios.

El efecto es el siguiente. Si quieres pintar una pared, lo primero que tienes que hacer es darle una mano de yeso. El yeso necesita un tiempo para secarse.

Si quieres pintar esa pared antes de que el yeso se seque... Bueno... puedes hacerlo, pero SÍ o SÍ, sin ningún tipo de dudas, cuando pintes sobre esa pared con el yeso todavía húmedo, la pintura terminará cayéndose. Es una especie de ley física, ¿de acuerdo?

Nunca vas a conseguir pintar esa pared y que la pintura aguante si el yeso no se ha secado previamente.

En los negocios pasa lo mismo. Si quieres forzar alguna acción por encima de lo que puede ser natural. Al final esa acción fallará.

Tienes que esperar siempre a que el yeso esté lo suficientemente seco para que esa acción se pueda ejecutar sin riesgo.

Tenlo siempre presente porque muchas veces queremos forzar la máquina y no es la mejor de las estrategias.

Lección nº 129: Cada cosa tiene su tiempo. Si intentas forzar las cosas por encima de su tiempo, puedes terminar rompiéndolas.

Lección 130

Eres Lo Que Eres

Hay una especie de rechazo por lo que es pequeño. Los pequeños son débiles. Están a otro nivel. Se asocia pequeño a poco profesional. Es difícil que lo puedas hacer con tu tamaño.

Si tu negocio es grande, es diferente. Eres poderoso. Puedes hacer cosas. Por lo menos, parece que puedes hacer más que los demás. Eso piensan muchos.

Es algo que está ahí. Algunos lo saben manejar y no pasa nada. Los que no lo entienden, se confunden.

Cuando intentas ser otra cosa

Cuando lo haces, no funciona. ¿Por qué? Porque no puedes cumplir expectativas. Porque estás engañando.

No puedes vender lo que no puedes entregar. Es uno de los primeros principios del marketing. Si lo haces, estás matando tu negocio.

Ser grande o pequeño no es bueno ni malo. Son cosas diferentes. Si hay clientes que se sienten más cómodos con proveedores más grandes, no es un problema. Simplemente, no son tus clientes.

No pasa nada. Hay clientes afines y clientes que no lo son. Los negocios se hacen con clientes afines.

Tú eres lo que eres

Eres lo que eres. Es así. Si tu compañía es pequeña, es pequeña. Tiene cosas buenas y cosas malas. También les pasa a las grandes. El tamaño no te garantiza nada. Sólo te enfoca en un sentido o en otro.

La idea no es centrarse en lo que no puedes hacer. No es productivo. La idea es saber qué es lo que haces realmente bien y sacarle el máximo partido.

Los pequeños tienen menos estructura, pero son más ágiles. Los pequeños tienen menos recursos, pero pueden tener un trato más personalizado. Los pequeños tienen menos productos, pero son más flexibles. Los pequeños...

Hay un montón de cosas que los pequeños pueden hacer. Que pueden hacer mejor que los grandes o que pueden hacer de una manera diferente.

Ésa es la pelea. Los clientes que valoran el tamaño NO.

El problema de ser pequeño es no reconocerlo. Hay un salto entre lo que pretendes ser y lo que realmente eres. Es un estado peligroso.

Cuando lo entiendes, todo está en sintonía. Eres lo que eres. Tienes las características que tienes. Le sacas el máximo partido y sirves a tus clientes naturales y no a otros.

Los negocios funcionan así: entregando a tu mercado lo que tu mercado espera de ti.

Lección nº 130: No pretendas ser lo que no eres. Si eres pequeño explota las virtudes de serlo, pero no intentes vender otra cosa.

Lección 131

Demasiado Tiempo Es Demasiado

Dominique Ingres es uno de los pintores franceses más famosos de la historia. Nacido en 1780, desarrolló una carrera brillante en la primera mitad del siglo XIX. Tiene un montón de cuadros famosos, pero, quizá, "La Fuente" es un cuadro especial.

Ingres pintó este cuadro con mucha pasión, pero nunca quedó del todo satisfecho. Dicen que estuvo retocándolo durante más de cuarenta años. Intentó conseguir el cuadro perfecto, pero no lo consiguió.

El Efecto Ingres

El Efecto Ingres es algo a lo que tenemos que enfrentarnos muy a menudo. Muchos le llaman perfeccionismo. Trabajas sobre un producto o proyecto y nunca lo ves terminado. Siempre le falta algo. No es perfecto. Sigues trabajando para perfeccionarlo. No lo consigues. Al final, el proyecto no ve la luz.

El Efecto Ingres es un efecto perverso. Por definición, la perfección no existe. ¿Entonces? Si la perfección no existe, la búsqueda de la perfección no puede ser la explicación de nada. La explicación real es la falta de confianza en ti mismo.

Cómo evitarlo

La mejor manera de contrarrestar el Efecto Ingres es parar. Sí, hay que parar en algún momento. Aplícate la máxima de "Suficiente es suficiente" y actúa.

¿Cuándo sabes cuándo es suficiente? Cuando tu producto o servicio:

1.- Cumple el objetivo para el que fue creado. Los productos o servicios pueden ser infinitos. Puedes incorporarles tantos elementos como te apetezca.

Eso no mejora el producto. Eso no va hacer que vendas más. ¿Cumple su objetivo? Para y lánzalo. Sin más. Ya no hay sitio para más reflexión.

2.- No mejora sustancialmente. Aplica siempre la relación esfuerzo beneficio.

Cuando la mejora del producto no es proporcional al esfuerzo que realizas, estás recibiendo una gran señal. Préstale atención. Lanza tu producto y no tires más tiempo y dinero a la basura.

3.- Aprovecha la oportunidad. Todo tiene su momento. Tu producto o servicio también.

Aprovecha tu momento con un producto que no es perfecto y mejóralo por el camino. Si no lo haces cuando toca, quizá no puedas hacerlo nunca.

El Efecto Ingres está ahí. No lo olvides. No te dejes engañar por una búsqueda de la perfección que no existe. Vence tus miedos. Aprovecha el momento y deja que tu producto demuestre su valor donde tiene que hacerlo, en el mercado.

Lección nº 131: No te dejes atrapar por el Efecto Ingres. No busques la perfección. No existe.

Lección 132

Soluciones Para Todos
Los Gustos

Soluciones hay muchas. Muchas más que problemas. Cada problema tiene, por lo menos, una solución. Por lo general, hay muchas más. Soluciones de todos los tipos. Buenas, malas, regulares,...

No tiene que ver con soluciones. Tiene que ver con encontrar buenas soluciones. Tiene que ver con encontrar la mejor solución.

Cuanto más mejor

Ésa es nuestra tendencia natural. Cuanto más mejor. Cuantos más elementos tengas en cuenta, mejor. Cuantas más variables incorpores a la ecuación, mejor.

Hay una especie de relación directa entre más cosas y calidad. Entre complejidad y calidad.

Si tu solución no es suficientemente compleja, es probable que no esté a la altura. No vale. Busca otra que sí lo sea.

Una Navaja

Guillermo de Ockham fue un fraile franciscano que vivió en el siglo XIV. Dejó un legado muy amplio. Pero, quizá, su aportación más conocida fue la famosa "Navaja de Ockham".

El principio dice algo así: "Siendo el resto de las cosas iguales, entre dos soluciones, la solución más simple tiene más probabilidades de ser la solución correcta".

No es necesario añadir más cosas. No es necesario complicar nada. La solución simple suele ser la que funciona.

Si puede ser simple...

Sí, si puede ser simple, no lo hagas complejo. No es necesario. No aportas nada. No solucionas nada. No mejoras nada.

El principio de La Navaja de Ockham es un principio poderoso. Ha tenido una importancia fundamental en el desarrollo de la ciencia.

Si le sirvió a Guillermo de Ockham, es muy probable que también te sirva a ti. Es muy probable que puedas utilizar este principio en tu vida, en tu negocio,...

Lección nº 132: No busques soluciones complejas. Las soluciones simples funcionan mejor.

Lección 133

Sólo Una

Alguien llama. Soy de la compañía tal… Nos estamos poniendo en contacto… En los últimos tiempos hemos… Queríamos presentarle…

La conversación puede continuar. Estamos seguros de… Nuestro interés es… Seguramente ha visto… La conversación puede continuar hasta que pare o hasta que no aguantes más.

No me hables. No me cuentes nada. No me interesa.

La atención no es gratis. Hay que ganársela. No tiene que ver con hablar. Hablar mucho no es la solución. Tiene que ver con lo que dices.

¿Quieres mi atención? Es fácil. Sólo tienes que contestar una pregunta. Es todo lo que tienes que hacer.

¿Cómo Vas a Ayudarme a Mejorar Mi Vida?

Ésta es la pregunta. Mi atención por tu respuesta. ¿No tienes respuesta? ¿No es lo suficientemente buena? Entonces… no me llames. No me llames hasta que encuentres una que merezca la pena.

Lección nº 133: No te disperses con otras preguntas. Sólo tienes que contestar una. ¿Cómo vas a ayudarme a mejorar mi vida?

Comentario Final

"Si quieres un final feliz, depende de dónde termines tu historia".

-Orson Wells

Lección 134

¿Cuándo Caduca?

¿Qué tienen en común estas compañías?

Woolworth´s: cadena británica de grandes almacenes que durante casi cien años dominó el comercio de Reino Unido. En su momento de mayor apogeo llegó a tener más de 800 tiendas abiertas.

Enron: compañía líder del sector energético. Llegó a ser la séptima compañía de Estados Unidos. Empleaba a más de 21.000 trabajadores. La revista Fortune la eligió como compañía más innovadora del país. Recurrentemente aparecía entre los 100 mejores empleadores.

Polaroid: impresionó al mundo con su tecnología. Sus cámaras instantáneas sacaban fotografías y las revelaban en cuestión de minutos. En muy poco tiempo, se convirtió en una marca reconocida y sus cámaras se vendían sin parar en todo el mundo.

Commodore: fue uno de los precursores del ordenador personal en la década de los ´80. Entre 1983 y 1986 no tuvo competencia. Copaba el 50% de la cuota de mercado y vendía más de 2 millones de unidades.

Pan-Am: compañía fundada en 1927. Ha formado parte de la historia y cultura norteamericana. Lideró durante años los viajes de negocio y viajes internacionales. En los momentos de mayor gloria, ofrecía servicios a todos los continentes. Llegó a contar con una flota de aviones cercana a las mil unidades.

Lehman Brothers: compañía fundada en 1850. Ingresos cercanos a 60.000 millones de dólares. Cuarto banco de inversión del mundo. Más de 26.000 empleados dispersados por todo el planeta. Actuaron como consultores en fusiones y adquisiciones del nivel de Chrysler y American Motors, General Foods y Philip Morris,...

Todas estas compañías y otras muchas similares tienen en común que ya no existen. Todas ellas fueron vendidas o fueron a la bancarrota y desaparecieron posteriormente.

Da lo mismo lo grande que sea tu negocio. Da lo mismo los ingresos que genere tu negocio. Da lo mismo la reputación que tenga tu negocio. Si no lo cuidas como el primer día, si no te adaptas a los cambios de tu entorno, si no recuerdas que tu cliente es el rey absoluto, si no entiendes que tu fortuna puede cambiar rápidamente, tienes muchas probabilidades de ser uno más de la lista.

Lección nº 134: Todo puede cambiar. Todo puede terminar. Si no quieres tener fecha de caducidad, no hay que olvidarlo. Sigue trabajando.

www.ingramcontent.com/pod-product-compliance
Lightning Source LLC
Chambersburg PA
CBHW051851170526
45168CB00001B/62